MSA · eBBR 2015

Abschluss-Prüfungsaufgaben mit Lösungen

Englisch

Berlin • Brandenburg

2011 – 2014

mit MP3-CD

STARK

ISBN 978-3-8490-0959-5

5. ergänzte Auflage
www.stark-verlag.de

Inhalt

MP3-CD

Jeweils zu Beginn des neuen Schuljahres erscheinen die neuen Ausgaben der Abschlussprüfungsaufgaben mit Lösungen.

Vorwort

Liebe Schülerin, lieber Schüler,

dieses Buch enthält die **Original-Prüfungen 2011 bis 2014** zur intensiven Vorbereitung auf den **Mittleren Schulabschluss** und die **erweiterte Berufsbildungsreife** im Fach **Englisch 2015**. Es ist insbesondere für die **Vorbereitungsphase unmittelbar vor der Prüfung** gedacht und hilft dir dabei, noch mehr Sicherheit im Umgang mit Prüfungsaufgaben zu gewinnen. Mithilfe der **Original-Prüfungsaufgaben und Lösungsvorschläge** kannst du testen, ob du für den „Ernstfall" gut gerüstet bist. Versuche, den Hörverstehenstest in 45 Minuten, den Test zum Leseverstehen und Schreiben in 105 Minuten zu bearbeiten – diese Zeit steht dir auch in der Prüfung zur Verfügung. Kontrolliere erst danach deine Lösungen. Hast du viele Fehler gemacht bzw. hat dir die vorgegebene Zeit nicht ausgereicht, arbeite die Aufgaben noch einmal durch. Wenn du nur sehr wenige oder gar keine Fehler gemacht hast, kannst du ganz entspannt in die Prüfung gehen.

Die beiliegende **MP3-CD** enthält alle Hörverstehenstexte der Original-Prüfungen. Sie hilft dir dabei, dein Hörverständnis gezielt zu verbessern.

In der **Kurzgrammatik** werden alle wichtigen grammatischen Themen knapp erläutert und an Beispielsätzen veranschaulicht. Hier kannst du nachschlagen, wenn du in der Grammatik einmal unsicher sein solltest.

Der Band „**Training MSA und eBBR 2015**" (Best.-Nr. 111550) bietet dir weiterführende Übungsmöglichkeiten. Er enthält neben der Original-Prüfung 2014 zahlreiche Übungsaufgaben zu allen prüfungsrelevanten Kompetenzbereichen. Darüber hinaus werden dir Strategien zur effektiven Bearbeitung der Aufgaben vermittelt. So kannst du deine sprachlichen Fertigkeiten gezielt trainieren und dich langfristig auf die Prüfung vorbereiten.

Sollten nach Erscheinen dieses Bandes noch wichtige Änderungen in der Prüfung 2015 vom LISUM Berlin-Brandenburg bekannt gegeben werden, findest du aktuelle Informationen dazu im Internet unter:
www.stark-verlag.de/pruefung-aktuell

Viel Spaß beim Üben und viel Erfolg in der Prüfung!

Autoren:

Lösungen Prüfungsaufgaben: Frank Lemke, Kathryn Nussdorf

Hinweise zur Abschlussprüfung

In Berlin und Brandenburg müssen sich alle Schülerinnen und Schüler der 10. Klasse einer Prüfung unterziehen. Seit dem Schuljahr 2013/14 kann im Fach Englisch mit derselben Prüfung die erweiterte Berufsbildungsreife (eBBR) erlangt werden. Für den Erwerb der eBBR musst du grundlegende Aufgaben lösen, für den MSA zusätzlich noch anspruchsvollere Aufgaben, die durch ein Sternchen (✶) gekennzeichnet sind. Es ist für die Abschlüsse jedoch nicht von Bedeutung, in welchen der Aufgaben durch eine korrekte Bearbeitung die Punkte erzielt werden. Alle Aufgaben zählen genauso für den MSA wie für die eBBR.

Der MSA wird in einem Abschlussverfahren erworben, das sich wie folgt zusammensetzt:

- Jahrgangsnoten der 10. Klasse
- zentrale schriftliche Prüfungen in den Fächern Deutsch, Mathematik und der ersten Fremdsprache
- mündliche Prüfung in der ersten Fremdsprache
- Präsentationsprüfung in einem gesellschaftswissenschaftlichen, naturwissenschaftlichen, künstlerischen oder Wahlpflichtfach.

Bei den Prüfungen zum mittleren Schulabschluss und zur erweiterten Berufsbildungsreife geht es nicht nur um erlerntes Wissen, sondern in erster Linie um **Kompetenzen** oder Fertigkeiten, die in der Sekundarstufe I erworben wurden. Im Fach Englisch wird bei diesen Fertigkeiten zwischen den Bereichen Hörverständnis, Leseverständnis, Schreiben und Sprechen unterschieden. Folglich werden weder Vokabeln noch theoretisches Grammatikwissen abgefragt, sondern es wird geprüft …

- ob du den Inhalt eines von Muttersprachlern gesprochenen Textes trotz einiger unbekannter Wörter erfassen kannst („**Listening**"),
- ob du einen unbekannten Text durch stilles Lesen verstehst („**Reading**"),
- ob du eine SMS, E-Mail oder einen Brief schreiben und die Kernaussagen deutscher Texte auf Englisch wiedergeben kannst („**Writing**"),
- ob du in der Lage bist, auf Englisch ein Gespräch zu führen, auf Fragen angemessen zu reagieren, Vorschläge zu machen und zu diskutieren („**Speaking**").

Schriftliche Prüfung

Die schriftliche Prüfung besteht aus den Teilen Hörverstehen, Leseverstehen und Schreiben. Sie beginnt mit dem Hörverständnisteil. Die Bearbeitungszeit ist von der Länge der Texte auf der CD abhängig. Dieser Prüfungsteil dauert ca. 45 Minuten. Erst nach dem Ende der Hörtexte werden die Lösungen auf das „**Answer Sheet**" übertragen.

Im Anschluss stehen für die Aufgaben zum Leseverstehen und Schreiben ca. 105 Minuten zur Verfügung. Auch beim Leseverstehen musst du deine Antworten in ein **Answer Sheet** übertragen.

Mündliche Prüfung

Die Sprechfertigkeit wird zu einem anderen Termin geprüft. Es handelt sich hierbei um eine Partnerprüfung von maximal 15 Minuten.

Kurzgrammatik

Besonderheiten einiger Wortarten

1 Adjektive und Adverbien – *Adjectives and Adverbs*

Bildung und Verwendung von Adverbien – *Formation and Use of Adverbs*

Bildung	
Adjektiv + *-ly*	glad → gladly
Ausnahmen:	
• *-y* am Wortende wird zu *-i*	easy → easily funny → funnily
• auf einen Konsonanten folgendes *-le* wird zu *-ly*	simple → simply probable → probably
• *-ic* am Wortende wird zu *-ically* Ausnahme:	fantastic → fantastically public → publicly

Beachte:	
• Unregelmäßig gebildet wird:	good → well
• Endet das Adjektiv auf *-ly*, so kann kein Adverb gebildet werden; man verwendet deshalb: *in a* + Adjektiv + *manner/way*	friendly → in a friendly manner
• In einigen Fällen haben Adjektiv und Adverb dieselbe Form, z. B.:	daily, early, fast, hard, long, low, weekly, yearly
• Manche Adjektive bilden zwei Adverbformen, die sich in der Bedeutung unterscheiden, z. B.:	

Adj./Adv.	**Adv. auf *-ly***	
hard schwierig, hart	*hardly* kaum	The task is hard. (adjective) *Die Aufgabe ist schwierig.* She works hard. (adverb) *Sie arbeitet hart.* She hardly works. (adverb) *Sie arbeitet kaum.*
late spät	*lately* neulich, kürzlich	
near nahe	*nearly* beinahe	

Verwendung
Adverbien bestimmen

- Verben,

She easily found her brother in the crowd.
Sie fand ihren Bruder leicht in der Menge.

- Adjektive,

This band is extremely famous.
Diese Band ist sehr berühmt.

- andere Adverbien oder

He walks extremely quickly.
Er geht äußerst schnell.

- einen ganzen Satz

näher.

Fortunately, nobody was hurt.
Glücklicherweise wurde niemand verletzt.

Beachte:
Nach bestimmten Verben steht nicht das Adverb, sondern das Adjektiv:

- Verben, die einen **Zustand** ausdrücken, z. B.:

to be	sein
to become	werden
to get	werden
to seem	scheinen
to stay	bleiben

Everything seems quiet.
Alles scheint ruhig zu sein.

- Verben der **Sinneswahrnehmung**, z. B.:

to feel	sich anfühlen
to look	aussehen
to smell	riechen
to sound	sich anhören
to taste	schmecken

This dress looks fantastic!
Dieses Kleid sieht toll aus!

Steigerung des Adjektivs – *Comparison of Adjectives*

Bildung
Man unterscheidet:

- Grundform/Positiv *(positive)* — Peter is young.
- Komparativ *(comparative)* — Jane is younger.
- Superlativ *(superlative)* — Paul is the youngest.

Steigerung auf *-er, -est*	
• einsilbige Adjektive	old, older, oldest *alt, älter, am ältesten*
• zweisilbige Adjektive, die auf *-er, -le, -ow* oder *-y* enden	clever, cleverer, cleverest *klug, klüger, am klügsten* simple, simpler, simplest *einfach, einfacher, am einfachsten* narrow, narrower, narrowest *eng, enger, am engsten* funny, funnier, funniest *lustig, lustiger, am lustigsten*
Beachte:	
• stummes *-e* am Wortende entfällt	simple, simpler, simplest
• nach einem Konsonanten wird *-y* am Wortende zu *-i-*	funny, funnier, funniest
• nach kurzem Vokal wird ein Konsonant am Wortende verdoppelt	fit, fitter, fittest

Steigerung mit *more …, most …*	
• zweisilbige Adjektive, die nicht auf *-er, -le, -ow* oder *-y* enden	useful, more useful, most useful *nützlich, nützlicher, am nützlichsten*
• Adjektive mit drei und mehr Silben	difficult, more difficult, most difficult *schwierig, schwieriger, am schwierigsten*

Unregelmäßige Steigerung	
Die unregelmäßig gesteigerten Adjektive muss man auswendig lernen. Einige sind hier angegeben:	good, better, best *gut, besser, am besten* bad, worse, worst *schlecht, schlechter, am schlechtesten* many, more, most *viele, mehr, am meisten* much, more, most *viel, mehr, am meisten* little, less, least *wenig, weniger, am wenigsten*

Steigerungsformen im Satz – *Sentences with Comparisons*

Es gibt folgende Möglichkeiten, Steigerungen im Satz zu verwenden:

- **Positiv:** Zwei oder mehr Personen oder Sachen sind **gleich oder ungleich:** *(not) as* + Grundform des Adjektivs + *as*

  Anne is as tall as John (and Steve).
  Anne ist genauso groß wie John (und Steve).

  John is not as tall as Steve.
  John ist nicht so groß wie Steve.

- **Komparativ:** Zwei oder mehr Personen/Sachen sind **verschieden** (größer/besser …): Komparativform des Adjektivs + *than*

  Steve is taller than Anne.
  Steve ist größer als Anne.

- **Superlativ:** Eine Person oder Sache wird besonders hervorgehoben (der/die/das größte/beste …): *the* + Superlativform des Adjektivs

  Steve is the tallest boy in class.
  Steve ist der größte Junge in der Klasse.

Steigerung des Adverbs – *Comparison of Adverbs*

Adverbien können wie Adjektive auch gesteigert werden.

- Adverbien auf *-ly* werden mit *more, most* bzw. mit *less, least* gesteigert.

  She talks more quickly than John.
  Sie spricht schneller als John.

- Adverbien, die dieselbe Form wie das Adjektiv haben, werden mit *-er, -est* gesteigert.

  fast – faster – fastest
  early – earlier – earliest

- Manche Adverbien haben unregelmäßige Steigerungsformen, z. B.:

  well – better – best
  badly – worse – worst
  little – less – least
  much – more – most

Die Stellung von Adverbien im Satz

Adverbien können verschiedene Positionen im Satz einnehmen:

- Am **Anfang des Satzes**, vor dem Subjekt *(front position)*

  Tomorrow he will be in London.
  Morgen [betont] wird er in London sein.
  Unfortunately, I can't come to the party.
  Leider kann ich nicht zur Party kommen.

• **Im Satz** *(mid position)* vor dem Vollverb,	She <u>often</u> goes to school by bike. *Sie fährt oft mit dem Rad in die Schule.*
nach *to be*,	She is <u>already</u> at home. *Sie ist schon zu Hause.*
nach dem ersten Hilfsverb.	You can <u>even</u> go swimming there. *Man kann dort sogar schwimmen gehen.*
• Am **Ende des Satzes** *(end position)*	He will be in London <u>tomorrow</u>. *Er wird morgen in London sein.*
Gibt es mehrere Adverbien am Satzende, so gilt die **Reihenfolge**: Art und Weise – Ort – Zeit *(manner – place – time)*	The snow melts <u>slowly</u> <u>in the mountains</u> <u>at springtime</u>. *Im Frühling schmilzt der Schnee langsam in den Bergen.*

2 Artikel – *Article*

Der **bestimmte Artikel** steht, wenn man von einer **ganz bestimmten Person oder Sache** spricht.	<u>The</u> cat is sleeping on the sofa. *Die Katze schläft auf dem Sofa. [nicht irgendeine Katze, sondern eine bestimmte]*
Beachte: Der bestimmte Artikel steht unter anderem **immer** in folgenden Fällen:	
• **abstrakte Begriffe**, die näher erläutert sind	<u>The</u> agriculture practised in the USA is very successful. *Die Landwirtschaft, wie sie in den USA praktiziert wird, ist sehr erfolgreich.*
• **Gebäudebezeichnungen**, wenn man vom Gebäude und nicht von der Institution spricht	<u>The</u> university should be renovated soon. *Die Universität sollte bald renoviert werden.*
• **Eigennamen im Plural** (Familiennamen, Gebirge, Inselgruppen, einige Länder etc.)	<u>the</u> Johnsons, <u>the</u> Rockies, <u>the</u> Hebrides, <u>the</u> Netherlands, <u>the</u> USA
• Namen von **Flüssen** und **Meeren**	<u>the</u> Mississippi, <u>the</u> North Sea, <u>the</u> Pacific Ocean
Der **unbestimmte Artikel** steht, wenn man von einer **nicht näher bestimmten Person oder Sache** spricht.	<u>A</u> man is walking down the road. *Ein Mann läuft gerade die Straße entlang. [irgendein Mann]*

Beachte: In einigen Fällen steht **stets** der unbestimmte Artikel:	
• **Berufsbezeichnungen** und **Nationalitäten**	She is <u>an</u> engineer. *Sie ist Ingenieurin.* He is <u>a</u> Scot(sman). *Er ist Schotte.*
• Zugehörigkeit zu einer **Religion** oder **Partei**	She is <u>a</u> Catholic. *Sie ist katholisch.* He is <u>a</u> Tory. *Er ist Mitglied der Tories.*

In diesen Fällen steht **kein Artikel**:	
• **nicht zählbare** Nomen wie z. B. **Stoffbezeichnungen**	Gold is very valuable. *Gold ist sehr wertvoll.*
• **abstrakte Nomen** ohne nähere Bestimmung	Buddhism is widespread in Asia. *Der Buddhismus ist in Asien weit verbreitet.*
• **Kollektivbegriffe**, z. B. *man, youth, society*	Man is responsible for global warming. *Der Mensch ist für die Klimaerwärmung verantwortlich.*
• **Institutionen**, z. B. *school, church, university, prison*	We went to school together. *Wir gingen zusammen zur Schule.*
• **Mahlzeiten**, z. B. *breakfast, lunch*	Dinner is at 8 p.m. *Das Abendessen ist um 20 Uhr.*
• *by* + **Verkehrsmittel**	I went to school by bike. *Ich fuhr mit dem Fahrrad zur Schule.*
• **Personennamen** (auch mit Titel), **Verwandtschaftsbezeichnungen**, die wie Namen verwendet werden	Tom, Mr Scott, Queen Elizabeth, Dr Hill, Dad, Uncle Harry
• Bezeichnungen für **Straßen, Plätze, Brücken, Parkanlagen**	Fifth Avenue, Trafalgar Square, Westminster Bridge, Hyde Park
• Namen von **Ländern, Kontinenten, Städten, Seen, Inseln, Bergen**	France, Asia, San Francisco, Loch Ness, Corsica, Ben Nevis

3 Pronomen – *Pronouns*

Possessivpronomen – *Possessive Pronouns*

Possessivpronomen *(possessive pronouns)* verwendet man, um zu sagen, **wem etwas gehört**.
Steht ein Possessivpronomen allein, so wird eine andere Form verwendet als in Verbindung mit einem Substantiv:

mit Substantiv	ohne Substantiv		
my	*mine*	This is my bike.	– This is mine.
your	*yours*	This is your bike.	– This is yours.
his/her/its	*his/hers/–*	This is her bike.	– This is hers.
our	*ours*	This is our bike.	– This is ours.
your	*yours*	This is your bike.	– This is yours.
their	*theirs*	This is their bike.	– This is theirs.

Reflexivpronomen – *Reflexive Pronouns*

Reflexivpronomen *(reflexive pronouns)* **beziehen sich auf das Subjekt** des Satzes **zurück**. Es handelt sich also um dieselbe Person:

myself	I will buy myself a new car.
yourself	You will buy yourself a new car.
himself / herself / itself	He will buy himself a new car.
ourselves	We will buy ourselves a new car.
yourselves	You will buy yourselves a new car.
themselves	They will buy themselves a new car.

Beachte:

- Einige Verben stehen ohne Reflexivpronomen, obwohl im Deutschen mit „mich, dich, sich etc." übersetzt wird.

  I apologize …
  Ich entschuldige mich …
  He is hiding.
  Er versteckt sich.

- Einige Verben können sowohl mit einem Objekt als auch mit einem Reflexivpronomen verwendet werden. Dabei ändert sich die Bedeutung, z. B. bei *to control, to enjoy, to help, to occupy.*

  He is enjoying the party.
  Er genießt die Party.
  She is enjoying herself.
  Sie amüsiert sich.

  He is helping the child.
  Er hilft dem Kind.
  Help yourself!
  Bedienen Sie sich!

Reziprokes Pronomen – *Reciprocal Pronoun* ("each other/one another")

each other/one another ist unveränderlich. Es bezieht sich auf **zwei oder mehr Personen** und wird mit „sich (gegenseitig)/einander" übersetzt.

They looked at each other and laughed.
Sie schauten sich (gegenseitig) an und lachten.
oder:
Sie schauten einander an und lachten.

Beachte:
Einige Verben stehen ohne *each other*, obwohl im Deutschen mit „sich" übersetzt wird.

to meet	*sich treffen*
to kiss	*sich küssen*
to fall in love	*sich verlieben*

4 Präpositionen – *Prepositions*

Präpositionen *(prepositions)* drücken **räumliche, zeitliche oder andere Arten von Beziehungen** aus.

The ball is under the table.
He came home after six o'clock.

Die wichtigsten Präpositionen mit Beispielen für ihre Verwendung:

- *at*
  Ortsangabe: *at home* — I'm at home now. *Ich bin jetzt zu Hause.*
  Zeitangabe: *at 3 p.m.* — He arrived at 3 p.m. *Er kam um 15 Uhr an.*
- *by*
  Angabe des Mittels: *by bike* — She went to work by bike. *Sie fuhr mit dem Rad zur Arbeit.*
  Angabe der Ursache: *by mistake* — He did it by mistake. *Er hat es aus Versehen getan.*
  Zeitangabe: *by tomorrow* — You will get the letter by tomorrow. *Du bekommst den Brief bis morgen.*
- *for*
  Zeitdauer: *for hours* — We waited for the bus for hours. *Wir warteten stundenlang auf den Bus.*
- *from*
  Ortsangabe: *from Dublin* — Ian is from Dublin. *Ian kommt aus Dublin.*
  Zeitangabe: *from nine to five* — We work from nine to five. *Wir arbeiten von neun bis fünf Uhr.*
- *in*
  Ortsangabe: *in England* — In England, they drive on the left. *In England herrscht Linksverkehr.*

Zeitangabe: *in the morning*

They woke up in the morning.
Sie wachten am Morgen auf.

- *of*
  Ortsangabe: *north of the city*

The village lies north of the city.
Das Dorf liegt nördlich der Stadt.

- *on*
  Ortsangabe: *on the left,*
  on the floor

On the left you see the London Eye.
Links sehen Sie das London Eye.

Zeitangabe: *on Monday*

On Monday she will buy the tickets.
(Am) Montag kauft sie die Karten.

- *to*
  Richtungsangabe: *to the left*

Please turn to the left.
Bitte wenden Sie sich nach links.

Angabe des Ziels: *to London*

He goes to London every year.
Er fährt jedes Jahr nach London.

5 Modale Hilfsverben – *Modal Auxiliaries*

Zu den **modalen Hilfsverben** *(modal auxiliaries)* zählen z. B. *can, may* und *must.*

Bildung

- Die modalen Hilfsverben haben für alle Personen **nur eine Form**: kein *-s* in der 3. Person Singular.

I, you, he/she/it,
we, you, they } must

- Auf ein modales Hilfsverb folgt der **Infinitiv ohne *to*.**

You must listen to my new CD.
Du musst dir meine neue CD anhören.

- **Frage und Verneinung** werden nicht mit *do/did* umschrieben.

Can you help me, please?
Kannst du mir bitte helfen?

Die modalen Hilfsverben können nicht alle Zeiten bilden. Deshalb benötigt man **Ersatzformen** (können auch im Präsens verwendet werden).

- ***can*** (können)
  Ersatzformen:
  (to) be able to (Fähigkeit),
  (to) be allowed to (Erlaubnis)

I can sing./I was able to sing.
Ich kann singen. / Ich konnte singen.

You can't go to the party./
I wasn't allowed to go to the party.
Du darfst nicht auf die Party gehen./
Ich durfte nicht auf die Party gehen.

Beachte: Im *simple past* und *conditional I* ist auch *could* möglich.

When I was three, I could already ski.
Mit drei konnte ich schon Ski fahren.

- ***may*** (dürfen) – sehr höflich
  Ersatzform: ***(to) be allowed to***

You may go home early./
You were allowed to go home early.
Du darfst früh nach Hause gehen./
Du durftest früh nach Hause gehen.

- ***must*** (müssen)
  Ersatzform: ***(to) have to***

He must be home by ten o'clock./
He had to be home by ten o'clock.
Er muss um zehn Uhr zu Hause sein./
Er musste um zehn Uhr zu Hause sein.

Beachte:
must not/mustn't = „nicht dürfen"

You must not eat all the cake.
Du darfst nicht den ganzen Kuchen essen.

„nicht müssen, nicht brauchen" =
not have to, needn't

You don't have to/needn't eat all the cake.
Du musst nicht den ganzen Kuchen essen./
Du brauchst nicht … zu essen.

Infinitiv, Gerundium oder Partizip? – Die infiniten Verbformen

6 Infinitiv – *Infinitive*

Der **Infinitiv** (Grundform des Verbs) **mit *to*** steht z. B. **nach**

- bestimmten **Verben**, z. B.:

to decide	(sich) entscheiden, beschließen
to expect	erwarten
to hope	hoffen
to manage	schaffen
to plan	planen
to promise	versprechen
to want	wollen

He decided to wait.
Er beschloss zu warten.

- bestimmten **Substantiven und Pronomen** *(something, anything)*, z. B.:

attempt	Versuch
idea	Idee
plan	Plan
wish	Wunsch

We haven't got anything to eat at home.
Wir haben nichts zu essen zu Hause.

It was her plan to visit him in May.
Sie hatte vor, ihn im Mai zu besuchen.

- bestimmten **Adjektiven** (auch in Verbindung mit *too/enough*) und deren Steigerungsformen, z. B.:

certain	sicher
difficult/hard	schwer, schwierig
easy	leicht

It was difficult to follow her.
Es war schwer, ihr zu folgen.

- **Fragewörtern**, wie z. B. *what, where, which, who, when, how* und nach *whether*. Diese Konstruktion ersetzt eine indirekte Frage mit modalem Hilfsverb.

We knew where to find her./
We knew where we would find her.
Wir wussten, wo wir sie finden würden.

Die Konstruktion **Objekt + Infinitiv** wird im Deutschen oft mit einem „dass"-Satz übersetzt.
Sie steht z. B. **nach**

- bestimmten **Verben**, z. B.:

to allow	erlauben
to get	veranlassen
to help	helfen
to persuade	überreden

She allowed him to go to the cinema.
Sie erlaubte ihm, dass er ins Kino geht./ … ins Kino zu gehen.

- **Verb + Präposition**, z. B.:

to count on	rechnen mit
to rely on	sich verlassen auf
to wait for	warten auf

She relies on him to arrive in time.
Sie verlässt sich darauf, dass er rechtzeitig ankommt.

- **Adjektiv + Präposition**, z. B.:

easy for	leicht
necessary for	notwendig
nice of	nett
silly of	dumm

It is necessary for you to learn maths.
Es ist notwendig, dass du Mathe lernst.

- **Substantiv + Präposition**, z. B.:

opportunity for	Gelegenheit
idea for	Idee
time for	Zeit
mistake for	Fehler

Work experience is a good opportunity for you to find out which job suits you.
Ein Praktikum ist eine gute Gelegenheit, herauszufinden, welcher Beruf zu dir passt.

- einem **Adjektiv**, das durch ***too*** oder ***enough*** näher bestimmt wird.

The box is too heavy for me to carry.
Die Kiste ist mir zu schwer zum Tragen.
The weather is good enough for us to go for a walk. *Das Wetter ist gut genug, dass wir spazieren gehen können.*

7 Gerundium (-*ing*-Form) – *Gerund*

Bildung
Infinitiv + *-ing*

read → reading

Beachte:

- stummes *-e* entfällt — write → writing
- nach kurzem betontem Vokal: Schlusskonsonant verdoppelt — stop → stopping
- *-ie* wird zu *-y* — lie → lying

Verwendung

Die *-ing*-Form steht nach bestimmten Ausdrücken und kann verschiedene Funktionen im Satz einnehmen, z. B.:

- als **Subjekt** des Satzes

  Skiing is fun. *Skifahren macht Spaß.*

- nach bestimmten **Verben** (als **Objekt** des Satzes), z. B.:

to avoid	vermeiden
to enjoy	genießen, gern tun
to keep (on)	weitermachen
to miss	vermissen
to risk	riskieren
to suggest	vorschlagen

  He enjoys reading comics.
  Er liest gerne Comics.

  You risk losing a friend.
  Du riskierst, einen Freund zu verlieren.

- nach **Verb + Präposition**, z. B.:

to agree with	zustimmen
to believe in	glauben an
to dream of	träumen von
to look forward to	sich freuen auf
to talk about	sprechen über

  She dreams of meeting a star.
  Sie träumt davon, einen Star zu treffen.

- nach **Adjektiv + Präposition**, z. B.:

afraid of	sich fürchten vor
famous for	berühmt für
good/bad at	gut/schlecht in
interested in	interessiert an

  He is afraid of losing his job.
  Er hat Angst, seine Arbeit zu verlieren.

- nach **Substantiv + Präposition**, z. B.:

chance of	Chance, Aussicht
danger of	Gefahr
reason for	Grund
way of	Art und Weise

  Do you have a chance of getting the job?
  Hast du Aussicht, die Stelle zu bekommen?

- nach **Präpositionen** und **Konjunktionen der Zeit**, z. B.:

after	nachdem
before	bevor
by	indem, dadurch, dass
in spite of	trotz
instead of	statt

Before leaving the room he said goodbye.
Bevor er den Raum verließ, verabschiedete er sich.

8 Infinitiv oder Gerundium? – *Infinitive or Gerund?*

Einige Verben können sowohl **mit dem Infinitiv** als auch **mit der *-ing*-Form** stehen, **ohne** dass sich die **Bedeutung ändert**, z. B.
to love, to hate, to prefer, to start, to begin, to continue.

I hate getting up early.
I hate to get up early.
Ich hasse es, früh aufzustehen.

Bei manchen Verben **ändert sich** jedoch die **Bedeutung**, je nachdem, ob sie mit Infinitiv oder mit der *-ing*-Form verwendet werden, z. B.
to remember, to forget, to stop.

- *to remember* + Infinitiv: „daran denken, etwas zu tun"

I must remember to post the invitations.
Ich muss daran denken, die Einladungen einzuwerfen.

to remember + *ing*-Form: „sich erinnern, etwas getan zu haben"

I remember posting the invitations.
Ich erinnere mich daran, die Einladungen eingeworfen zu haben.

- *to forget* + Infinitiv: „vergessen, etwas zu tun"

Don't forget to water the plants.
Vergiss nicht, die Pflanzen zu gießen.

to forget + *ing*-Form: „vergessen, etwas getan zu haben"

I'll never forget meeting the President.
Ich werde nie vergessen, wie ich den Präsidenten traf.

- *to stop* + Infinitiv: „stehen bleiben, um etwas zu tun"

I stopped to read the road sign.
Ich hielt an, um das Verkehrsschild zu lesen.

to stop + *ing*-Form: „aufhören, etwas zu tun"

He stopped laughing.
Er hörte auf zu lachen.

9 Partizipien – *Participles*

Partizip Präsens – *Present Participle*

Bildung
Infinitiv + *ing*
Sonderformen: siehe *gerund*
(S. G 11 f.)

talk → talking

Verwendung
Das *present participle* verwendet man:

- zur Bildung der Verlaufsform *present progressive,*
  Peter is reading.
  Peter liest (gerade).
- zur Bildung der Verlaufsform *past progressive,*
  Peter was reading when I saw him.
  Peter las (gerade), als ich ihn sah.
- zur Bildung der Verlaufsform *present perfect progressive,*
  I have been living in Sydney for 5 years.
  Ich lebe seit 5 Jahren in Sydney.
- zur Bildung der Verlaufsform *future progressive,*
  This time tomorrow I will be working.
  Morgen um diese Zeit werde ich arbeiten.
- wie ein Adjektiv, wenn es vor einem Substantiv steht.
  The village hasn't got running water.
  Das Dorf hat kein fließendes Wasser.

Partizip Perfekt – *Past Participle*

Bildung
Infinitiv + *-ed*

talk → talked

Beachte:

- stummes *-e* entfällt — live → lived
- nach kurzem betontem Vokal wird der Schlusskonsonant verdoppelt — stop → stopped
- *-y* wird zu *-ie* — cry → cried
- unregelmäßige Verben (S. G 31 f.) — be → been

Verwendung
Das *past participle* verwendet man

- zur Bildung des *present perfect,*
  He hasn't talked to Tom yet.
  Er hat noch nicht mit Tom gesprochen.

• zur Bildung des *past perfect*,	Before they went biking in France, they had bought new bikes. *Bevor sie nach Frankreich zum Radfahren gingen, hatten sie neue Fahrräder gekauft.*
• zur Bildung des *future perfect*,	The letter will have arrived by then. *Der Brief wird bis dann angekommen sein.*
• zur Bildung des Passivs,	The fish was eaten by the cat. *Der Fisch wurde von der Katze gefressen.*
• wie ein Adjektiv, wenn es vor einem Substantiv steht.	Peter has got a well-paid job. *Peter hat eine gut bezahlte Stelle.*

Verkürzung eines Nebensatzes durch ein Partizip

Adverbiale Nebensätze (meist kausale oder temporale Bedeutung) und **Relativsätze** können durch ein Partizip verkürzt werden.	She watches the news, because she wants to stay informed. Wanting to stay informed, she watches the news. *Sie sieht sich die Nachrichten an, weil sie informiert bleiben möchte.*
Aus der Zeitform des Verbs im Nebensatz ergibt sich, welches Partizip für die Satzverkürzung verwendet wird:	
• Steht das Verb im Nebensatz im *present* oder *past tense* (*simple* und *progressive form*), verwendet man das *present participle*.	he finishes he finished } → finishing
• Steht das Verb im Nebensatz im *present perfect* oder *past perfect*, verwendet man *having* + *past participle*.	he has finished he had finished } → having finished
• Das *past participle* verwendet man auch, um einen Satz im Passiv zu verkürzen.	Sally is a manager in a five-star hotel which is called Pacific View. Sally is a manager in a five-star hotel called Pacific View.

Beachte: • Man kann einen Temporal- oder Kausalsatz verkürzen, wenn **Haupt- und Nebensatz dasselbe Subjekt** haben.	When he was walking down the street, he saw Jo. (When) walking down the street, he saw Jo. *Als er die Straße entlangging, sah er Jo.*

- Bei **Kausalsätzen** entfallen die Konjunktionen *as, because* und *since* im verkürzten Nebensatz.

As he was hungry, he bought a sandwich.
Being hungry, he bought a sandwich.
Da er hungrig war, kaufte er ein Sandwich.

- In einem **Temporalsatz** bleibt die einleitende **Konjunktion** häufig erhalten, um dem Satz eine **eindeutige Bedeutung** zuzuweisen.

When he left, he forgot to lock the door.
When leaving, he forgot to lock the door.
Als er ging, vergaß er, die Tür abzuschließen.

Tara got sick eating too much chocolate.
Tara wurde schlecht, als/während/da sie zu viel Schokolade aß.

Die Vorzeitigkeit einer Handlung kann durch ***after + present participle*** oder durch ***having + past participle*** ausgedrückt werden.

After finishing / Having finished breakfast, he went to work.
Nachdem er sein Frühstück beendet hatte, ging er zur Arbeit.

- Bei **Relativsätzen** entfallen die Relativpronomen *who, which* und *that.*

I saw a six-year-old boy who played the piano.
I saw a six-year-old boy playing the piano.
Ich sah einen sechsjährigen Jungen, der gerade Klavier spielte. / … Klavier spielen.

Verbindung von zwei Hauptsätzen durch ein Partizip

Zwei Hauptsätze können durch ein Partizip verbunden werden, wenn sie **dasselbe Subjekt** haben.

Beachte:

- Das Subjekt des zweiten Hauptsatzes und die Konjunktion *and* entfallen.
- Die Verbform des zweiten Hauptsatzes wird durch das Partizip ersetzt.

He did his homework and he listened to the radio.
He did his homework listening to the radio.
Er machte seine Hausaufgaben und hörte Radio.

Unverbundene Partizipialkonstruktionen – *Absolute Participle Constructions*

Unverbundene Partizipialkonstruktionen haben ein **eigenes Subjekt**, das nicht mit dem Subjekt des Hauptsatzes übereinstimmt. Sie werden in **gehobener Sprache** verwendet.
Mit einleitendem ***with*** werden sie auf allen Stilebenen verwendet.

The sun having come out, the ladies went for a walk in the park.
Da die Sonne herausgekommen war, gingen die Damen im Park spazieren.

With the telephone ringing, she jumped out of bed.
Als das Telefon klingelte, sprang sie aus dem Bett.

Bildung und Gebrauch der finiten Verbformen

10 Zeiten – *Tenses*

Simple Present

Bildung
Infinitiv, Ausnahme 3. Person Singular: Infinitiv + *-s*

stand – he/she/it stands

Beachte:

- Bei Verben, die auf *-s, -sh, -ch, -x* und *-z* enden, wird in der 3. Person Singular *-es* angefügt.

kiss – he/she/it kisses
rush – he/she/it rushes
teach – he/she/it teaches
fix – he/she/it fixes

- Bei Verben, die auf Konsonant + *-y* enden, wird *-es* angefügt; *-y* wird zu *-i-*.

carry – he/she/it carries

Bildung von Fragen im *simple present*
(Fragewort +) *do/does* + Subjekt + Infinitiv

Where does he live? / Does he live in London?
Wo lebt er? / Lebt er in London?

Beachte:
Die Umschreibung mit *do/does* wird nicht verwendet,

- wenn nach dem Subjekt gefragt wird (mit *who, what, which*),

Who likes pizza?
Wer mag Pizza?
Which tree has more leaves?
Welcher Baum hat mehr Blätter?

- wenn die Frage mit *is/are* gebildet wird.

Are you happy?
Bist du glücklich?

Bildung der Verneinung im *simple present*
don't/doesn't + Infinitiv

He doesn't like football.
Er mag Fußball nicht.

Verwendung
Das *simple present* wird verwendet:

- bei Tätigkeiten, die man **gewohnheitsmäßig** oder häufig ausführt
  Signalwörter: z. B. *always, often, never, every day, every morning, every afternoon*

  Every morning John buys a newspaper.
  Jeden Morgen kauft John eine Zeitung.

- bei **allgemeingültigen** Aussagen

  London is a big city.
  London ist eine große Stadt.

- bei **Zustandsverben**: Sie drücken Eigenschaften / Zustände von Personen und Dingen aus und stehen normalerweise nur in der *simple form,* z. B. *to hate, to know, to like.*

  I like science-fiction films.
  Ich mag Science-Fiction-Filme.

Present Progressive / Present Continuous

Bildung
am/is/are + present participle

read → am/is/are reading

Bildung von Fragen im *present progressive*
(Fragewort +) *am/is/are* + Subjekt + *present participle*

Is Peter reading?/What is he reading?
Liest Peter gerade?/Was liest er?

Bildung der Verneinung im *present progressive*
am not/isn't/aren't + present participle

Peter isn't reading.
Peter liest gerade nicht.

Verwendung
Mit dem *present progressive* drückt man aus, dass etwas **gerade passiert** und **noch nicht abgeschlossen** ist. Es wird daher auch als **Verlaufsform** der Gegenwart bezeichnet.

Signalwörter: *at the moment, now*

At the moment, Peter is drinking a cup of tea.
Im Augenblick trinkt Peter eine Tasse Tee. [Er hat damit angefangen und noch nicht aufgehört.]

Simple Past

Bildung Regelmäßige Verben: Infinitiv + *-ed*	walk → walked
Beachte: • stummes *-e* entfällt	hope → hoped
• Bei Verben, die auf Konsonant + *-y* enden, wird *-y* zu *-i-*.	carry → carried
• Nach kurzem betontem Vokal wird der Schlusskonsonant verdoppelt.	stop → stopped
Unregelmäßige Verben: siehe Liste S. G 31 f.	be → was have → had
Bildung von Fragen im *simple past* (Fragewort +) *did* + Subjekt + Infinitiv	(Why) Did he look out of the window? *(Warum) Sah er aus dem Fenster?*
Beachte: Die Umschreibung mit *did* wird nicht verwendet, • wenn nach dem Subjekt gefragt wird (mit *who, what, which*),	Who paid the bill? *Wer zahlte die Rechnung?* What happened to your friend? *Was ist mit deinem Freund passiert?*
• wenn die Frage mit *was/were* gebildet wird.	Were you happy? *Warst du glücklich?*
Bildung der Verneinung im *simple past* *didn't* + Infinitiv	He didn't call me. *Er rief mich nicht an.*

Verwendung Das *simple past* beschreibt Handlungen und Ereignisse, die **in der Vergangenheit passierten** und **bereits abgeschlossen** sind. Signalwörter: z. B. *yesterday, last week/year, two years ago, in 2008*	Last week, he helped me with my homework. *Letzte Woche half er mir bei meinen Hausaufgaben. [Die Handlung fand in der letzten Woche statt, ist also abgeschlossen.]*

Past Progressive / Past Continuous

Bildung *was/were + present participle*	watch → was/were watching
Verwendung Die **Verlaufsform** *past progressive* verwendet man, wenn **zu einem bestimmten Zeitpunkt** in der Vergangenheit eine **Handlung ablief**, bzw. wenn eine **Handlung** von einer anderen **unterbrochen** wurde.	Yesterday at 9 o'clock I was still sleeping. *Gestern um 9 Uhr schlief ich noch.* I was reading a book when Peter came into the room. *Ich las (gerade) ein Buch, als Peter ins Zimmer kam.*

Present Perfect (Simple)

Bildung *have/has + past participle*	write → has/have written
Verwendung Das *present perfect* verwendet man, • wenn ein Vorgang **in der Vergangenheit begonnen** hat und **noch andauert**,	He has lived in London since 2008. *Er lebt seit 2008 in London.* *[Er lebt jetzt immer noch in London.]*
• wenn das Ergebnis einer vergangenen Handlung **Auswirkungen auf die Gegenwart** hat.	I have just cleaned my car. *Ich habe gerade mein Auto geputzt.* *[Man sieht evtl. das saubere Auto.]*
Signalwörter: z. B. *already, ever, just, how long, not … yet, since, for*	Have you ever been to Dublin? *Warst du schon jemals in Dublin?*
Beachte: • *have/has* können zu *'ve/'s* verkürzt werden.	He's given me his umbrella. *Er hat mir seinen Regenschirm gegeben.*
• Das *present perfect* wird oft mit *since* und *for* verwendet („seit"). – ***since*** gibt einen **Zeitpunkt** an:	Ron has lived in Sydney since 2007. *Ron lebt seit 2007 in Sydney.*
– ***for*** gibt einen **Zeitraum** an:	Sally has lived in Berlin for five years. *Sally lebt seit fünf Jahren in Berlin.*

Present Perfect Progressive / Present Perfect Continuous

Bildung
have/has + been + present participle

write → has/have been writing

Verwendung
Die **Verlaufsform** *present perfect progressive* verwendet man, um die **Dauer einer Handlung** zu **betonen**, die in der Vergangenheit begonnen hat und noch andauert.

She has been sleeping for ten hours.
Sie schläft seit zehn Stunden.

Past Perfect (Simple)

Bildung
had + past participle

write → had written

Verwendung
Die Vorvergangenheit *past perfect* verwendet man, wenn ein Vorgang in der Vergangenheit **vor einem anderen Vorgang in der Vergangenheit abgeschlossen** wurde.

He had bought a ticket before he took the train to Manchester.
Er hatte eine Fahrkarte gekauft, bevor er den Zug nach Manchester nahm. [Beim Einsteigen war der Kauf abgeschlossen.]

Past Perfect Progressive / Past Perfect Continuous

Bildung
had + been + present participle

write → had been writing

Verwendung
Die **Verlaufsform** *past perfect progressive* verwendet man für **Handlungen**, die in der Vergangenheit **bis zu dem Zeitpunkt andauerten**, zu dem eine neue Handlung einsetzte.

She had been sleeping for ten hours when the doorbell rang.
Sie hatte seit zehn Stunden geschlafen, als es an der Tür klingelte. [Das Schlafen dauerte bis zu dem Zeitpunkt an, als es an der Tür klingelte.]

Will-future

Bildung *will* + Infinitiv	buy → will buy
Bildung von Fragen im *will-future* (Fragewort +) *will* + Subjekt + Infinitiv	What will you buy? *Was wirst du kaufen?*
Bildung der Verneinung im *will-future* *won't* + Infinitiv	Why won't you come to our party? *Warum kommst du nicht zu unserer Party?*

Verwendung Das *will-future* verwendet man, wenn ein Vorgang **in der Zukunft stattfinden** wird:	
• bei Vorhersagen oder Vermutungen,	The weather will be fine tomorrow. *Das Wetter wird morgen schön (sein).*
• bei spontanen Entscheidungen.	*[doorbell]* "I'll open the door." *"Ich werde die Tür öffnen."*
Signalwörter: z. B. *tomorrow, next week, next Monday, next year, in three years, soon*	

Going-to-future

Bildung *am/is/are* + *going to* + Infinitiv	find → am/is/are going to find

Verwendung Das *going-to-future* verwendet man, wenn man ausdrücken will:	
• was man für die Zukunft **plant** oder **zu tun beabsichtigt**.	I am going to work in England this summer. *Diesen Sommer werde ich in England arbeiten.*
• dass ein **Ereignis bald eintreten wird**, da bestimmte **Anzeichen** vorhanden sind.	Look at those clouds. It's going to rain soon. *Schau dir diese Wolken an. Es wird bald regnen.*

Simple Present und *Present Progressive* zur Wiedergabe der Zukunft

Verwendung
- Mit dem ***present progressive*** drückt man **Pläne** für die Zukunft aus, für die bereits **Vorkehrungen** getroffen wurden.
- Mit dem ***simple present*** wird ein zukünftiges Geschehen wiedergegeben, das **von außen festgelegt** wurde, z. B. Fahrpläne, Programme, Kalender.

We are flying to New York tomorrow.
Morgen fliegen wir nach New York.
[Wir haben schon Tickets.]

The train leaves at 8.15 a.m.
Der Zug fährt um 8.15 Uhr.

The play ends at 10 p.m.
Das Theaterstück endet um 22 Uhr.

Future Progressive / Future Continuous

Bildung
will + be + present participle

work → will be working

Verwendung
Die **Verlaufsform** *future progressive* drückt aus, dass ein **Vorgang** in der Zukunft zu einem bestimmten Zeitpunkt **gerade ablaufen wird**.

Signalwörter: *this time next week / tomorrow, tomorrow* + Zeitangabe

This time tomorrow I will be sitting in a plane to London.
Morgen um diese Zeit werde ich gerade im Flugzeug nach London sitzen.

Future Perfect (Future II)

Bildung
will + have + past participle

go → will have gone

Verwendung
Das *future perfect* drückt aus, dass ein **Vorgang** in der Zukunft **abgeschlossen sein wird** (Vorzeitigkeit in der Zukunft).

Signalwörter: *by then, by* + Zeitangabe

By 5 p.m. tomorrow I will have arrived in London.
Morgen Nachmittag um fünf Uhr werde ich bereits in London angekommen sein.

11 Passiv – *Passive Voice*

Bildung

Form von *(to) be* in der entsprechenden Zeitform + *past participle*

The bridge was finished in 1894.
Die Brücke wurde 1894 fertiggestellt.

Zeitformen:

• *simple present*	*Aktiv:*	Joe buys the milk.
	Passiv:	The milk is bought by Joe.
• *simple past*	*Aktiv:*	Joe bought the milk.
	Passiv:	The milk was bought by Joe.
• *present perfect*	*Aktiv:*	Joe has bought the milk.
	Passiv:	The milk has been bought by Joe.
• *past perfect*	*Aktiv:*	Joe had bought the milk.
	Passiv:	The milk had been bought by Joe.
• *will-future*	*Aktiv:*	Joe will buy the milk.
	Passiv:	The milk will be bought by Joe.
• *future perfect (future II)*	*Aktiv:*	Joe will have bought the milk.
	Passiv:	The milk will have been bought by Joe.
• *conditional I*	*Aktiv:*	Joe would buy the milk.
	Passiv:	The milk would be bought by Joe.
• *conditional II*	*Aktiv:*	Joe would have bought the milk.
	Passiv:	The milk would have been bought by Joe.

Aktiv → Passiv

- Das Subjekt des Aktivsatzes wird zum Objekt des Passivsatzes. Es wird mit *by* angeschlossen.
- Das Objekt des Aktivsatzes wird zum Subjekt des Passivsatzes.

Aktiv: Joe (*Subjekt*) buys the milk. (*Objekt*)
Passiv: The milk (*Subjekt*) is bought by Joe. (*by-agent*)

- Stehen im Aktiv **zwei Objekte**, lassen sich zwei verschiedene Passivsätze bilden. Ein Objekt wird zum Subjekt des Passivsatzes, das zweite bleibt Objekt.

Aktiv: They (*Subjekt*) gave her (*ind. Obj.*) a ball. (*dir. Obj.*)
Passiv: She (*Subjekt*) was given a ball. (*dir. Obj.*)

oder:

Aktiv: They (*Subjekt*) gave her (*ind. Obj.*) a ball. (*dir. Obj.*)
Passiv: A ball (*Subjekt*) was given to her. (*ind. Obj.*)

Beachte:
Das indirekte Objekt muss im Passivsatz mit *to* angeschlossen werden.

Passiv → Aktiv

- Der mit *by* angeschlossene Handelnde *(by-agent)* des Passivsatzes wird zum Subjekt des Aktivsatzes, *by* entfällt.
- Das Subjekt des Passivsatzes wird zum Objekt des Aktivsatzes.
- Fehlt im Passivsatz der *by-agent*, muss im Aktivsatz ein Handelnder als Subjekt ergänzt werden, z. B. *somebody, we, you, they.*

Passiv:	The milk *Subjekt*	is bought	by Joe. *by-agent*
Aktiv:	Joe *Subjekt*	buys	the milk. *Objekt*

Passiv:	The match *Subjekt*	was won.	
Aktiv:	They *(ergänztes) Subjekt*	won	the match. *Objekt*

Der Satz im Englischen

12 Wortstellung – *Word Order*

Im Aussagesatz gilt die Wortstellung **Subjekt – Prädikat – Objekt** *(subject – verb – object):*

- Subjekt: Wer oder was tut etwas?
- Prädikat: Was wird getan?
- Objekt: Worauf/Auf wen bezieht sich die Tätigkeit?

Für die Position von Orts- und Zeitangaben vgl. S. G 4 f.

Cats catch mice.
Katzen fangen Mäuse.

13 Konditionalsätze – *Conditional Sentences*

Ein Konditionalsatz (Bedingungssatz) besteht aus zwei Teilen: einem Nebensatz *(if-clause)* und einem Hauptsatz *(main clause)*. Im ***if*-Satz** steht die **Bedingung** *(condition)*, unter der die im **Hauptsatz** genannte **Folge** eintritt. Man unterscheidet drei Arten von Konditionalsätzen:

Konditionalsatz Typ I

Bildung

- *if*-Satz (Bedingung): *simple present*

If you read this book,
Wenn du dieses Buch liest,

- Hauptsatz (Folge): *will-future*

you will learn a lot about music.
erfährst du eine Menge über Musik.

Der *if*-Satz kann auch nach dem Hauptsatz stehen. In diesem Fall entfällt das Komma:

- Hauptsatz: *will-future*

You will learn a lot about music
Du erfährst eine Menge über Musik,

- *if*-Satz: *simple present*

if you read this book.
wenn du dieses Buch liest.

Im Hauptsatz kann auch

- *can* + Infinitiv,

If you go to London, you can see Bob.
Wenn du nach London fährst, kannst du Bob treffen.

- *must* + Infinitiv,

If you go to London, you must visit me.
Wenn du nach London fährst, musst du mich besuchen.

- der Imperativ

If it rains, take an umbrella.
Wenn es regnet, nimm einen Schirm mit.

stehen.

Verwendung
Bedingungssätze vom Typ I verwendet man, wenn die **Bedingung erfüllbar** ist. Man gibt an, was unter bestimmten Bedingungen **geschieht** oder **geschehen kann**.

Konditionalsatz Typ II

Bildung

- *if*-Satz (Bedingung): *simple past*

If I went to London,
Wenn ich nach London fahren würde,

- Hauptsatz (Folge): *conditional I* = *would* + Infinitiv

I would visit the Tower.
würde ich mir den Tower ansehen.

Verwendung
Bedingungssätze vom Typ II verwendet man, wenn die **Bedingung nur theoretisch erfüllt** werden kann oder **nicht erfüllbar** ist.

Konditionalsatz Typ III

Bildung
- *if*-Satz (Bedingung):
  past perfect

If I had gone to London,
Wenn ich nach London gefahren wäre,

- Hauptsatz (Folge):
  conditional II = would + have + past participle

I would have visited the Tower of London.
hätte ich mir den Tower of London angesehen.

Verwendung
Bedingungssätze vom Typ III verwendet man, wenn sich die **Bedingung auf die Vergangenheit bezieht** und deshalb **nicht mehr erfüllbar** ist.

14 Relativsätze – *Relative Clauses*

Ein Relativsatz ist ein Nebensatz, der sich **auf eine Person oder Sache** des Hauptsatzes **bezieht** und diese **näher beschreibt**:

The boy who looks like Jane is her brother.
Der Junge, der Jane ähnlich sieht, ist ihr Bruder.

- Hauptsatz:
- Relativsatz:

The boy … is her brother.
… who looks like Jane …

Bildung
Haupt- und Nebensatz werden durch das Relativpronomen verbunden.
- ***who*** (Nominativ oder Akkusativ),

Peter, who lives in London, likes travelling.
Peter, der in London lebt, reist gerne.

whose (Genitiv) und

Sam, whose mother is an architect, is in my class.
Sam, dessen Mutter Architektin ist, geht in meine Klasse.

whom (Akkusativ) beziehen sich auf **Personen**,

Anne, whom/who I like very much, is French.
Anne, die ich sehr mag, ist Französin.

- ***which*** bezieht sich auf **Sachen**,

The film “Dark Moon”, which we saw yesterday, was far too long.
Der Film „Dark Moon“, den wir gestern sahen, war viel zu lang.

- ***that*** kann sich auf **Sachen** und auf **Personen** beziehen und wird nur verwendet, wenn die **Information** im Relativsatz **notwendig** ist, um den ganzen Satz zu verstehen.

The film that we saw last week was much better.
Der Film, den wir letzte Woche sahen, war viel besser.

Verwendung
Mithilfe von Relativpronomen kann man **zwei Sätze miteinander verbinden**.

London is England’s biggest city. London has about 7.2 million inhabitants.
London ist Englands größte Stadt.
London hat etwa 7,2 Millionen Einwohner.

London, which is England’s biggest city, has about 7.2 million inhabitants.
London, die größte Stadt Englands, hat etwa 7,2 Millionen Einwohner.

Beachte:
Man unterscheidet zwei Arten von Relativsätzen:

- **Notwendige Relativsätze** *(defining relative clauses)* enthalten Informationen, die **für das Verständnis** des Satzes **erforderlich** sind.

The man who is wearing a red shirt is Mike.
Der Mann, der ein rotes Hemd trägt, ist Mike.

Hier kann das Relativpronomen entfallen, wenn es Objekt ist; man spricht dann auch von *contact clauses*.

The book (that) I bought yesterday is thrilling.
Das Buch, das ich gestern gekauft habe, ist spannend.

- **Nicht notwendige Relativsätze** *(non-defining relative clauses)* enthalten **zusätzliche Informationen** zum Bezugswort, die für das Verständnis des Satzes nicht unbedingt notwendig sind. Dieser Typ von Relativsatz wird **mit Komma** abgetrennt.

Sally**,** who went to a party yesterday**,** is very tired.
Sally, die gestern auf einer Party war, ist sehr müde.

15 Indirekte Rede – *Reported Speech*

Die indirekte Rede verwendet man, um **wiederzugeben**, **was ein anderer gesagt** oder **gefragt hat**.

Bildung
Um die indirekte Rede zu bilden, benötigt man ein **Einleitungsverb**.
Häufig verwendete Einleitungsverben sind:

to say, to tell, to add, to mention, to think, to ask, to want to know, to answer

In der indirekten Rede verändern sich die **Pronomen**, in bestimmten Fällen auch die **Zeiten** und die **Orts-** und **Zeitangaben**.

- Wie die Pronomen sich verändern, hängt vom jeweiligen **Kontext** ab.

direkte Rede	**indirekte Rede**
Bob says to Jenny: "I like you." *Bob sagt zu Jenny: „Ich mag dich."*	Jenny tells Liz: "Bob says that he likes me." *Jenny erzählt Liz: „Bob sagt, dass er mich mag."*
Aber:	Jenny tells Liz that Bob likes her. *Jenny erzählt Liz, dass Bob sie mag.*

- **Zeiten**:
  Keine Veränderung, wenn das Einleitungsverb im *simple present* oder im *present perfect* steht:

direkte Rede	**indirekte Rede**
Bob says, "I love dancing." *Bob sagt: „Ich tanze sehr gerne."*	Bob says (that) he loves dancing. *Bob sagt, er tanze sehr gerne.*

In folgenden Fällen wird die Zeit der direkten Rede in der indirekten Rede **um eine Zeitstufe zurückversetzt**, wenn das **Einleitungsverb** im ***simple past*** steht:	Bob said, "I love dancing." *Bob sagte: „Ich tanze sehr gerne."*	Bob said (that) he loved dancing. *Bob sagte, er tanze sehr gerne.*
simple present → *simple past*	Joe: "I like it."	Joe said he liked it.
simple past → *past perfect*	Joe: "I liked it."	Joe said he had liked it.
present perfect → *past perfect*	Joe: "I've liked it."	Joe said he had liked it.
will-future → *conditional I*	Joe: "I will like it."	Joe said he would like it.

- **Zeitangaben** verändern sich, wenn der Bericht zu einem späteren Zeitpunkt erfolgt, z. B.:
- Welche **Ortsangabe** verwendet wird, hängt davon ab, wo sich der Sprecher im Moment befindet.

now	→	then, at that time
today	→	that day, yesterday
yesterday	→	the day before
the day before yesterday	→	two days before
tomorrow	→	the following day
next week	→	the following week
here	→	there

Bildung der indirekten Frage

Häufige Einleitungsverben für die indirekte Frage sind: to ask, to want to know, to wonder

Fragewörter bleiben in der indirekten Rede **erhalten**. Die **Umschreibung** mit *do/does/did* **entfällt** in der indirekten Frage.	Tom: "When did they arrive?" *Tom: „Wann sind sie angekommen?"*	Tom asked when they had arrived. *Tom fragte, wann sie angekommen seien.*
Enthält die direkte Frage **kein Fragewort**, wird die indirekte Frage mit ***whether*** oder ***if*** eingeleitet:	Tom: "Are they staying at the hotel?" *Tom: „Übernachten sie im Hotel?"*	Tom asked if/whether they were staying at the hotel. *Tom fragte, ob sie im Hotel übernachten.*

Befehle/Aufforderungen in der indirekten Rede

Häufige Einleitungsverben sind: to tell, to order, to ask

In der indirekten Rede steht hier **Einleitungsverb + Objekt + *(not) to* + Infinitiv**.	Tom: "Leave the room." *Tom: „Verlass den Raum."*	Tom told me to leave the room. *Tom forderte mich auf, den Raum zu verlassen.*

Anhang

16 Liste wichtiger unregelmäßiger Verben – *List of Irregular Verbs*

Infinitive	Simple Past	Past Participle	*Deutsch*
be	was/were	been	*sein*
begin	began	begun	*beginnen*
blow	blew	blown	*wehen, blasen*
break	broke	broken	*brechen*
bring	brought	brought	*bringen*
build	built	built	*bauen*
buy	bought	bought	*kaufen*
catch	caught	caught	*fangen*
choose	chose	chosen	*wählen*
come	came	come	*kommen*
cut	cut	cut	*schneiden*
do	did	done	*tun*
draw	drew	drawn	*zeichnen*
drink	drank	drunk	*trinken*
drive	drove	driven	*fahren*
eat	ate	eaten	*essen*
fall	fell	fallen	*fallen*
feed	fed	fed	*füttern*
feel	felt	felt	*fühlen*
find	found	found	*finden*
fly	flew	flown	*fliegen*
get	got	got	*bekommen*
give	gave	given	*geben*
go	went	gone	*gehen*
grow	grew	grown	*wachsen*
hang	hung	hung	*hängen*
have	had	had	*haben*
hear	heard	heard	*hören*
hit	hit	hit	*schlagen*
hold	held	held	*halten*
keep	kept	kept	*halten*
know	knew	known	*wissen*

Infinitive	**Simple Past**	**Past Participle**	***Deutsch***
lay	laid	laid	*legen*
leave	left	left	*verlassen*
let	let	let	*lassen*
lie	lay	lain	*liegen*
lose	lost	lost	*verlieren*
make	made	made	*machen*
meet	met	met	*treffen*
pay	paid	paid	*bezahlen*
put	put	put	*stellen/setzen*
read	read	read	*lesen*
ring	rang	rung	*läuten/anrufen*
run	ran	run	*rennen*
say	said	said	*sagen*
see	saw	seen	*sehen*
send	sent	sent	*schicken*
show	showed	shown	*zeigen*
sing	sang	sung	*singen*
sit	sat	sat	*sitzen*
sleep	slept	slept	*schlafen*
smell	smelt	smelt	*riechen*
speak	spoke	spoken	*sprechen*
spend	spent	spent	*ausgeben/ verbringen*
stand	stood	stood	*stehen*
steal	stole	stolen	*stehlen*
swim	swam	swum	*schwimmen*
take	took	taken	*nehmen*
teach	taught	taught	*lehren*
tell	told	told	*erzählen*
think	thought	thought	*denken*
throw	threw	thrown	*werfen*
wake	woke	woken	*aufwachen*
wear	wore	worn	*tragen*
win	won	won	*gewinnen*
write	wrote	written	*schreiben*

Prüfungsaufgaben

Schriftliche Prüfung zum Mittleren Schulabschluss in Berlin
Englisch 2011

Listening Part 1: Loudspeaker Announcements

- You are going to hear two loudspeaker announcements.
- You will hear the recording twice.
- There are four questions in this part, two questions for each announcement.
- Look at the pictures and then listen to the recording.
- Choose the correct picture and put a tick (✓) in the right box.

Announcement One

1. Where can you save money with the family ticket?

A ☐

B ☐

C ☐

D ☐

2. What must not be brought into the park?

A ☐

B ☐

C ☐

D ☐

Announcement Two

3. From which gate will the plane leave?

A	B	C	D
Gate B 17	**Gate B 30**	**Gate BG 17**	**Gate BG 30**
A ☐	B ☐	C ☐	D ☐

4. Why is the plane late?

A ☐

B ☐

C ☐

D ☐

Bildnachweis:
4 A © Johan Larson / Dreamstime.com; 4 B © Vladislav Turchenko / Dreamstime.com;
4 C © Frbird / Dreamstime.com; 4 D © http://www.citytowninfo.com/employment/aircraft-mechanics

Listening Part 2: Radio Ads

Please note: You do not need to understand every word to do this task.

- You are going to listen to four radio ads (ads 1 to 4).
- You will hear the recording twice.
- Read the statements below first, then listen to the recording.
- For each ad choose the correct statement (A–C) and put a tick (✓) in the right box.
- There is only one correct statement for each ad.

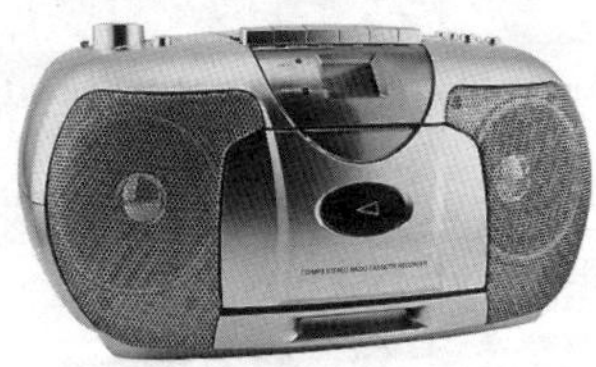
© Sergio Consoli / Dreamstime.com

5. **(Ad 1)**
This radio ad asks people to …
A ☐ support the Red Cross.
B ☐ get medical training.
C ☐ learn a new language.

6. **(Ad 2)**
This radio ad …
A ☐ warns us about an approaching hurricane.
B ☐ tells us what to do during a hurricane.
C ☐ tells us how to help one's neighbor during a hurricane.

7. **(Ad 3)**
This radio ad tells parents to …
A ☐ encourage their children to keep in touch with their friends via Internet.
B ☐ spend more time with their children on the Internet.
C ☐ keep their children safe from the dangers of the Internet.

8. **(Ad 4)**
This radio ad tells the story about two South African young people who …
A ☐ started their own successful fashion business.
B ☐ offer fashion courses for school children.
C ☐ designed fashionable sports clothing for South African national teams.

Listening Part 3: Robben Island (South Africa)

- You are going to hear an audio tour.
- You will hear the recording twice.
- Read the ten statements below first, then listen to the recording.
- If you think a statement is correct, put a tick (✓) in the box for **YES**.
- If you think a statement is not correct, put a tick (✓) in the box for **NO**.

		Yes	No
9.	Daniel Bizos came to Robben Island more than 40 years ago.	☐	☐
10.	On Robben Island Daniel Bizos was no longer called by his name.	☐	☐
11.	Daniel Bizos is a white man.	☐	☐
12.	From 1948 to 1993 non-white people in South Africa were discriminated against.	☐	☐
13.	The prisoners had to build the Maximum Security Section B themselves.	☐	☐

14. Life for political prisoners on Robben Island was surprisingly good. ☐ ☐
15. Political prisoners on Robben Island were allowed to get two letters every six months. ☐ ☐
16. Some prisoners on Robben Island were allowed to use the radio to get information about the outside world. ☐ ☐
17. In his prison cell Nelson Mandela had to cope with extreme weather conditions. ☐ ☐
18. Nelson Mandela helped the prisoners to improve their lives in prison. ☐ ☐

Listening Part 4: Generation Y

- You are going to hear a talk show about Generation Y.
- There are four people in the show: the presenter, Eve Gardener (an expert), as well as Louie and Helen Thompson.
- You will hear the recording twice.
- Read the statements below first, then listen to the recording.
- Put a tick (✓) in the box next to the correct statement.
- Only **one** statement is correct in each case.

19. Helen is
    A ☐ the author of a book about Generation Y.
    B ☐ the mother of a representative of Generation Y.
    C ☐ a typical representative of Generation Y.

20. For Eve, people who belong to the same generation
    A ☐ stay together with the same group of people all their lives.
    B ☐ grow up with similar cultural, technological and political experiences.
    C ☐ both A + B

21. For Eve, people who belong to Generation Y
    A ☐ are very much into modern technology.
    B ☐ like to get things done fast.
    C ☐ both A + B

22. When Eve says that Gen Y kids have "grasshopper minds", she means that they

A ☐ quickly change their focus of interest.

B ☐ quickly lose interest in twittering.

C ☐ are more interested in nature than past generations.

23. Eve points out that

A ☐ the Internet has changed the idea of real friendship.

B ☐ online contacts are easily made and lost.

C ☐ both A + B

24. Helen is worried about Louie's future, so she

A ☐ helps him find a good job.

B ☐ controls his Internet activities.

C ☐ contacts his teachers.

25. This talk show mainly

A ☐ supports the lifestyle of Gen Y kids.

B ☐ criticizes the parents of Gen Y kids.

C ☐ informs us about different aspects of Gen Y.

Listening: Candidate Answer Sheet Name: ______________

For students: Put a tick (✓) in the correct box.

Part 1

Number	A	B	C	D
1				
2				
3				
4				

/ 4 P

Part 2

Number	A	B	C
5			
6			
7			
8			

/ 4 P

Part 3

Number	Yes	No
9		
10		
11		
12		
13		
14		
15		
16		
17		
18		

/ 10 P

Part 4

Number	A	B	C
19			
20			
21			
22			
23			
24			
25			

/ 7 P

/ 25 P

Reading Part 1: Short Texts

- Look at the text and the statements in each task.
- What does the text say?
- Put a tick (✓) next to the statement that matches the text – **A**, **B**, **C** or **D**.
- There is only **one** correct statement for each text.

1.

The giant panda baby born on August 3, 2007 needs time to grow and learn from its mother. You cannot visit the panda baby and his mother in the zoo for several months, but you can view them on the Panda Cam at www.sandiegozoo.org. Visit our other pandas today at the Giant Panda Research Station.

A ☐ The giant panda baby has not been accepted by its mother.

B ☐ You can see the panda baby only on the Internet.

C ☐ You can visit the panda baby and its mother in the zoo later this month.

D ☐ For more information, listen to Giant Panda Radio Station.

2.

Register your bike at the Niles Police Department

Protect your bike from thieves by registering it with the Niles Police Department! Every year the Niles Police Department is forced to sell many lost or stolen bikes at an auction because their owners cannot be identified. By registering your bike, your bicycle's information is entered into a national database allowing the Police Department to return it to you if it is ever lost or stolen.

➢ Click Here for the Bike Registration Form.

A ☐ You can sell your old bike at a police auction.

B ☐ You can report a stolen bike on the Niles Police Department website.

C ☐ Registered bikes can be returned to the owner when found.

D ☐ If you want to buy a new bike, fill in the form.

3.

A ☐ Be careful when fishing.
B ☐ Visit Crocodile Country.
C ☐ Swimming is only allowed in certain areas.
D ☐ Use a boat when observing crocodiles.

4.

A ☐ Be careful: Danger of electric shock.
B ☐ Clean the keyboard before using this computer.
C ☐ Protect yourself against Internet crime.
D ☐ Spending too much time in front of the computer is not good for you.

5.

SUMMER READING ASSIGNMENT

Dear parents,
The summer reading assignment for students entering 9th grade in the fall is as follows:
Each student must read at least five books during the summer. Books must actually be *read*, not listened to on a CD or watched as a movie.
Parents must sign the books to show that their children have read them.
We hope that allowing students to choose their own books will make their summer reading enjoyable while keeping their reading skills fresh.
Sincerely, Grade 9 teachers

A ☐ Teachers must sign the books after the students have read them.
B ☐ It is helpful for students to listen to books on CD while reading.
C ☐ Students must choose their books from a book list.
D ☐ Parents must make sure their children read five books in the summer.

Bildnachweis: 2011-7, Panda © Isselee / Dreamstime.com; 2011-8, Krokodil © Mark Higgins / Dreamstime.com

Reading Part 2: Books

- These people (a–e) want to buy books.
- First read the information about the people, then look at the descriptions of the books (A–G) on the following pages.
- In each case (a–e) find the **two** books the people could buy. Write the letters of the books in the boxes next to the people's names.
- Some of the books can be chosen more than once.

No.	Book 1	Book 2		The readers
6/7				a) **Andrew Montenegro** lives in Yorkshire and likes to spend a lot of time outdoors. He would like to go on a hiking tour to discover the beauty of the English countryside. He is also very interested in the past and likes books with lots of facts.
8/9				b) **Brenda Saroyen** likes murder mysteries and detective stories. She has read hundreds of them and hopes to find one which is different. She also likes autobiographies very much because they give inside information on famous people.
10/11				c) **Rosie Ormond** is looking for two books. One is a present for her daughter, who likes novels in which animals play important roles. The other one is for herself. She has heard about a book which sounds interesting but cannot remember the title. It is about love at first sight and different views on marriage.

12/13				d) **Meena Aranthi** is a photographer who is especially interested in animals and the countryside. She is looking for some inspiration in that area. She is also very fond of stories set in times of war, especially love stories.
14/15				e) **Jay R. Ewing** is very fashion conscious and fascinated by people who manage to overcome a difficult childhood. He generally has a soft spot for people or fictional characters who go against social norms – even in love stories.

A) **Leonie Swann – Three Bags Full**

A completely original, cleverly written story about a flock of Irish sheep, who vow to solve the murder of their shepherd, George. George has always treated the flock like humans, reading to them, feeding them the best fodder, protecting them from the local butcher, and even promising to take them to Europe. Imagine the flock's shock when George is found dead in their meadow with a spade stuck in his chest! Led by Miss Maple, the smartest of them all, the sheep decide they must find out who killed George.

£ 6.29

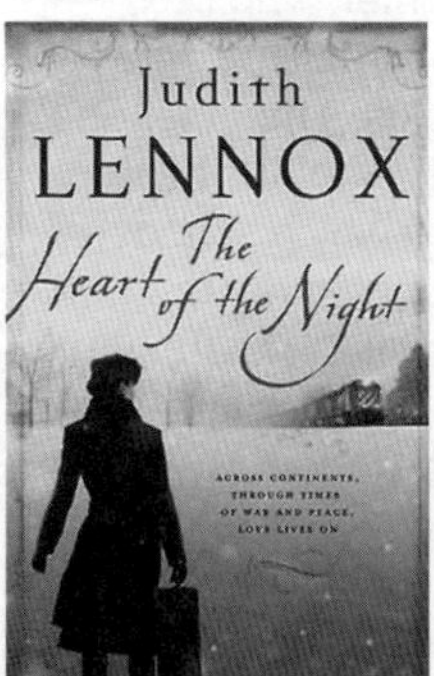

B) **Judith Lennox – The Heart of the Night**

An epic novel of passion, betrayal and danger, set in wartime Britain and Europe. In the spring of 1936 Kay Garland embraces an exciting new life of glamour when she becomes companion to Russian Konstantin Denisov's daughter, Miranda. The two girls become firm friends, and when Miranda falls in love with a young Parisian, Kay helps her keep the relationship secret. But Konstantin learns of the affair and promptly dismisses Kay, leaving her penniless and stranded in Nazi Berlin.

£ 7.10

C) **Neil MacGregor – A History of the World in 100 Objects**

This book takes a dramatically original approach to the history of humanity, using objects which previous civilisations have left behind them as prisms through which we can explore past worlds and the lives of the men and women who lived in them. Neil MacGregor's aim is to show us their significance – how a stone pillar tells us about a great Indian emperor preaching tolerance to his people or how Spanish pieces of eight tell us about the beginning of a global currency.

£ 13.50

D) **Rosamund Kidman Cox – Wildlife Photographer of the Year: Portfolio 20**

This is the latest memorable collection of images from the prestigious annual Wildlife Photographer of the Year competition – the international showcase for the very best photography featuring natural subjects. This outstanding collection of photographs features a wide range of natural subjects and styles, from vivid scenes of animal behavior and breathtaking landscapes to arresting portraits and abstract images of the natural world. Each stunning photograph is accompanied by an extended caption that explains where and how it was taken.

£ 25

E) **Gok Wan – Through Thick and Thin**

Wan stood out from his peers from a young age and the fact that he was Asian, overweight and gay led to bullying from other children. In a moment of inspiration, he decided to reinvent himself with his first style makeover and a larger-than-life personality to go with it. His next move was to lose a devastating ten stone in nine months. In this intimate memoir fashion consultant and TV presenter Gok Wan himself is recounting the horrors of childhood bullying or riotous anecdotes about his loving family or what goes on behind the scenes in the fashion world or TV shows.

£ 9.49

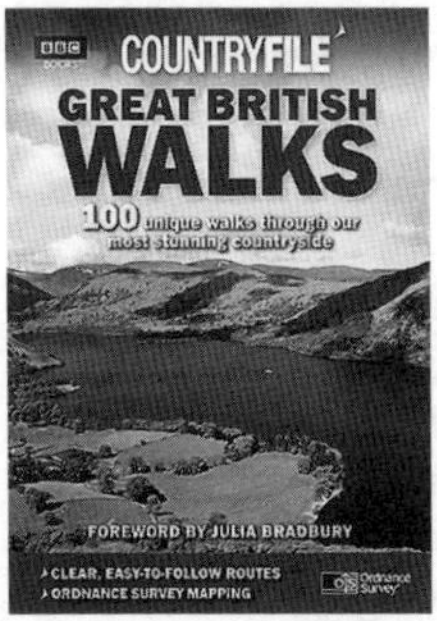

F) **Cavan Scott – Great British Walks: "Countryfile"**

Combining insightful and descriptive writing about our countryside with easy-to-follow practical information and clear, detailed OS mapping, *Countryfile*: *Great British Walks* will inspire you to explore some of the most striking areas that our nation has to offer. Offering 100 walks spread across varying terrain, this practical guidebook features a range of outings, from gentle strolls through peaceful scenery to more challenging journeys that take you to the very heart of the Great British wilderness.

£7.98

G) **Bali Rai – The Last Taboo**

Simran falls in love with Tyrone the moment she spots him in the crowd. He's gorgeous and he won't take no for an answer. There's just one problem ... Tyrone is black and Simran's not sure how her family will react. Even though her parents were a 'love match' and married each other against the wishes of their families, Simran doesn't think they will approve of her having a black boyfriend, and her nightmare uncles and aunts certainly won't. Like her cousin Ruby says, it's the last taboo. But Simran likes Tyrone too much to walk away, so they face the problems their relationship causes together. But it becomes harder than either of them predicted.

£4.49

Reading Part 3: The X-Factor

- Read the text and the statements on the following page.
- Put a tick (✓) in the box next to the correct answer.
- Only one answer is correct in each case.

Sängerin © Darrinhenry/Dreamstime.com; Jury © Nyul/Dreamstime.com

Until *The X Factor,* my children only knew the usual British emotions ranging from amusement to quiet disappointment. Now, however, there is a new influence in our house – this TV singing competition, which has introduced tears, both the slow-rolling type and the open-mouthed kind.

We watch together, the four of us, and we see people crying because they have not been allowed to stay in the competition, crying because they have been allowed to stay and sometimes crying because it's hard being in the competition not knowing whether they'll be allowed to stay or not.

This series is attracting almost 14 million viewers with its live shows – nearly half the total TV audience. Of those millions, many are quite young and trying to work out who they are, how to behave and what they want to be when they grow up. As I watch the show, I feel very uncomfortable. I worry that we are creating a generation who expect to become rich singing Bon Jovi songs and who will cry uncontrollably every time their cappuccino foam deflates. I worry that even my own nice children may be taking in hidden messages about fame and wealth.

My children are lucky. They not only get to watch the show, they also get my intelligent dad-comments. I always try to question what I see in the competition by making fun of the format. My main technique is to laugh as the contestants cry and make brilliant observations like "Oh, here we go again" or "She'll be fine once the camera's gone."

I am always horrified at the contestants' desperate hunger for fame and wealth and the fact that they can't deal with losing. In my working life I do not break down if things go wrong. If a meeting goes badly, I do not cry. When my dreams are shattered, I make tea and deal with my disappointment quietly. Contestants try to sing their way out of ordinary life and speak of their jobs as if they are punishments. "There's no way I'm going back to the bakery/hospital/bank," they say. I can't understand them at all. Personally, I want to have my job for as long as possible, and hope that my children will want to have paid work when they're older. What's wrong with a monthly salary? What if all the nurses and receptionists gave it all up so they could wear silver trousers and sing rubbish songs?

I spoke to a London primary school headteacher, who feels strongly that the influence of this pop-culture phenomenon is bad. "Shows like *The X Factor* and others like it are hugely popular and common talking points in my playground," she says. "What seems like light entertainment on the surface is affecting the emotional development of our children. Fame is seen as a right." She points out that many children think if they want to be a singer, a footballer, a rapper, they can. She adds that these children forget that they need talent, hard work and a lot of luck to make their dreams come true.

She goes as far as to say that these shows are teaching them the wrong values. "Schools are full of children whose aspirations are only to be famous, who see very little value in learning, education and the world beyond their door-step." She points out that more and more young children think it is alright for them to criticize and judge others aggressively. Children younger than six are passing harsh judgment on each other. The words and phrases they use echo those of talent-show juries.

Sam Delaney is the editor of *Heat* magazine and features *The X Factor* weekly. He defends a programme that brings so many families together. "*The X Factor* is amazing," he says. "It is the only thing in this country that is bigger than Premiership football. It is discussed on Monday morning everywhere from boardrooms to building sites. Bigger than football and yet it doesn't have racism and homophobia. The fact that on Saturday nights everyone is crowded round the telly from the grandfather to the granddaughter is as close to the 1950s family ideal as you will get."

When I ask my daughter if she ever wants to be famous, she says, "No. People take your picture all the time, and it would be really irritating."

I smile and ask: "Are you just saying that because of all the stuff I say when we watch *The X Factor?"*

"No, I never listen to you."

Adapted from: http://www.guardian.co.uk/lifeandstyle/2010/oct/23/x-factor-simon-cowell-children; author: Phil Hilton

16. When the writer's children started watching *The X Factor,* they

A ☐ began to take singing lessons.

B ☐ were disappointed with other TV shows.

C ☐ were introduced to a new way of showing emotions.

D ☐ were amused by the candidates.

17. People on *The X Factor* cry because they
   - A ☐ have to leave the competition.
   - B ☐ are still in the competition.
   - C ☐ do not know if they may stay in the competition.
   - D ☐ all of them (A + B + C)

18. The writer is worried because
   - A ☐ almost half of the British people watch *The X Factor.*
   - B ☐ many young people drink too much coffee while watching TV.
   - C ☐ many young people cannot sing.
   - D ☐ many young people will think it is easy to earn money by singing.

19. When the writer watches the show together with his children, he
   - A ☐ makes funny comments.
   - B ☐ enjoys listening to the brilliant candidates.
   - C ☐ is surprised by the fine camera work.
   - D ☐ is worried about the hungry and thin candidates.

20. Talking about work, the writer says that
   - A ☐ his dreams have not come true.
   - B ☐ he knows how to deal with problems at work.
   - C ☐ the candidates have problems keeping their old jobs.
   - D ☐ nurses and receptionists do not earn enough money.

21. A London headteacher states that TV shows like *The X Factor*
   - A ☐ are good for the children's emotional development.
   - B ☐ help children to develop their talents.
   - C ☐ can give children false hopes.
   - D ☐ are a way of getting children interested in music and sport.

22. She also says one effect of the show is that children
   - A ☐ lose interest in learning.
   - B ☐ learn how to criticize others with respect.
   - C ☐ dream of being on the jury of a talent show.
   - D ☐ all of them (A + B + C)

23. Sam Delaney points out that *The X Factor*

A ☐ brings family members closer together.

B ☐ is talked about all over the country.

C ☐ does not discriminate against people because of race.

D ☐ all of them (A + B + C)

24. The reader gets the impression that the writer's daughter

A ☐ would like to be famous.

B ☐ likes being photographed.

C ☐ is not really interested in what her father says.

D ☐ would like to take part in *The X Factor.*

25. There are examples of irony in the text, e. g. in

A ☐ ll. 9–10.

B ☐ ll. 16–17.

C ☐ ll. 21–22.

D ☐ ll. 43–44.

Reading: Candidate Answer Sheet **Name:** ____________________

For students: Put a tick (✓) in the correct box.

Part 1

Number	A	B	C	D
1				
2				
3				
4				
5				

/ 5 P

Part 2 (Books)

Number	Name	A	B	C	D	E	F	G
6/7	a) Andrew Montenegro							
8/9	b) Brenda Saroyen							
10/11	c) Rosie Ormond							
12/13	d) Meena Aranthi							
14/15	e) Jay R. Ewing							

/ 10 P

Part 3

Number	A	B	C	D
16				
17				
18				
19				
20				
21				
22				
23				
24				
25				

/ 10 P

/ 25 P

Writing Part 1: Internship – A Questionnaire

You are applying for an internship *(Praktikum)* in an international company.

- Complete the CV form below.
- You must fill in each item. You may use your imagination.
- Just use **key words** *(Stichwörter)*, do not write complete sentences.
- Remember: Correct spelling is important.

© Nyul/Dreamstime.com

Curriculum Vitae – Internship Application

We are trying to find out more about you.
Please fill in the questionnaire below.

(1) **Age:** ______________________

Sex: ______________________

Nationality: ______________________ 1 P.

(2) **Hobbies:** 1 P.

- ______________________

(3) **Holiday jobs:** 1 P.

- ______________________

(4) **Favourite subjects at school:** (name two)

- ______________________
- ______________________ 1 P.

(5) **Dream job:** 1 P.

- ______________________

/5 P

Writing Part 2: Extreme Sports

- Read what Russel has written.
- Then write back, answering all of his questions.
- You must write a minimum of 100 words. Do not use Internet slang.

E-pinion Search the Web O go

E-pinion ▶ Community ▶ Public .... sports	User Name ______ Password ______	☐ Remember Me ? O Log in.

Register	Help	Members List	Calendar	Arcade	Articles	Today's Post	Journal ▽	Search ▽

Name: Russel (16)
Joined E-pinion: April 2011
Location: Lewisham

© James Flint/Dreamstime com

Hi guys,

Let me ask you a question: What do you think about extreme sports? You know, bungee-jumping, parachuting – things like that. I can't stop thinking about it and I really want to try it. But my parents are totally against it – I should have known. How would your parents react if you wanted to go bungee-jumping? Any ideas how I could change my parents' mind?

And there is another problem – bungee-jumping is not exactly cheap. Any idea what I could do to get some money to afford a jump?

Please write soon, I'm really eager to have a go.

Russ

Hi Russel,

______

______

______

______

______

Inhalt: /5 P Sprache: /5 P Gesamt: /10 P

SNOW TROPOLIS
INDOOR SKIHALLE

Indoorskihalle in Senftenberg in der Lausitz

Skifahren zu jeder Tageszeit und vor allem zu jeder Jahreszeit!

Skifahren +++ Snowboarden

Ob als Anfänger oder Fortgeschrittener – die 130 m lange Abfahrt bietet mit ihren verschiedenen Schwierigkeitsstufen für jeden etwas, egal ob Ski oder Snowboard. Unser Personal hilft bei der Bedienung der Lifte und die Ski- und Snowboardschool bietet Einführungskurse für alle, die es gerne einmal ausprobieren möchten. Für erfahrene Snowboarder organisieren wir auch Wettbewerbe.

Die **Snowtropolis Bar** oder das **Restaurant** sorgen für eine Stärkung in der Pause.

Übernachtung in Ferienhäusern möglich.

Anfahrt aus Berlin mit der Bahn bis Senftenberg, anschließend Stadtbus C1/C3 bis Erlebnisbad.

natur THERME·TEMPLIN

Herzlich Willkommen im Urlaub vom Alltag.

In den verschiedenen Bereichen der Badelandschaft kommt jeder Gast voll auf seine Kosten! Schwimmen Sie hinaus in das ganzjährig beheizte Außenbecken mit Wasserfall.

Wellenbecken
In diesem 140 m^2 großen Becken türmen sich die Wellen bei angenehmen 32° C regelmäßig auf. Doch auch wenn sich die Wogen geglättet haben, gibt es noch viele Wasserspiele.

Grottengang – gut für die Gesundheit
Mit 36° C fällt das Wasser von den Felswänden. Die Sole hat hier einen Salzgehalt von 6 %, durch deren Inhalation Beschwerden der Atemwege (wie Asthma) gelindert werden können.

Weitere Angebote: Zwei große Rutschen (ca. 100 m Länge), eine Saunalandschaft im Innen- und Außenbereich, Massagen, Wellness, Kosmetik …

Für das leibliche Wohl sorgen **die Vitalbar** mit vielen frischen Säften und Eis und das **Restaurant**.

EL DORADO – Abenteuer wie im Film – TEMPLIN

Die Westernstadt entdecken
Spazieren Sie durch die Straßen von El Dorado und genießen Sie die nachempfundenen Kulissen, in denen schon einige Filme gedreht wurden.

Stündliche Shows
Stuntmanshow, Tiervorführungen, Indianertänze oder Line Dance.

Unsere Maskenbildner
Lassen Sie sich in einen echten Cowboy verwandeln oder werden Sie zu einer bezaubernden Lady.

Eigene Währung: Jede Attraktion wird mit der hauseigenen Währung, dem Eldorado Dollar, bezahlt. Getauscht wird er in der Bank. Der Wechselkurs liegt stabil bei 2,50 EURO für einen Eldorado Dollar.

Und was Sie sonst noch erwartet:

Essen und Trinken wie die Cowboys – hier ist für jeden Geschmack etwas dabei!

Souvenirshops

Übernachtung wie die Indianer im Tipi-Zelt oder in einem Ranchhaus wie echte Trapper.

Quellen: www.snowtropolis.de; www.naturthermetemplin.de, www.eldorado-templin.de

Stand: 2011. Aktuelle Informationen unter: www.eldorado-templin.de

Writing Part 3: Mediation – A Trip to Brandenburg

You would like to show your English-speaking friend some interesting places in Brandenburg.

- Read the three texts about places you can visit in Brandenburg.
- Choose **two** places.
- Write an e-mail to your friend telling him/her about the two places you have chosen.
- For each one of them say what kind of place it is and mention at least two more aspects that are important.
- **Do not translate word for word**, just give the main information used in these texts.
- Write complete sentences and use correct English.

To: ________________@hotmail.com

Ref: your visit

Hi ____________________________,

It's great that you're coming to see me again. I can't wait! I've already got some ideas of what we could do, so I thought I'd tell you about two places we could visit.

____

____

____

____

____

____

____

What do you think about my ideas? Please let me know and write back soon!

☺ ______________________

Inhalt:	/6 P	Sprache:	/4 P	Gesamt:	/10 P

Lösungsvorschläge

Listening Part 1: Loudspeaker Announcements

Announcement One

(jingle) Welcome to Rialto Movie and Adventure Park – Fun and excitement for the whole family!

You can save money with our special family ticket. Get 15 % off on everything you can buy at the Rialto Movie Park Cafeteria.

Please note: Because of our new security rules and regulations all visitors must go through the security checkpoint. We don't want to keep you waiting too long. So please have your bags and backpacks open and ready for inspection. No glass bottles are allowed. Rialto Movie and Adventure Park wishes you a wonderful day.

1. A

   Hinweis: *"You can save money with our special family ticket. Get 15 % off on everything you can buy at the Rialto Movie Park Cafeteria." (Z. 3 f.)*

2. D

   Hinweis: *"No glass bottles are allowed." (Z. 7 f.)*

Announcement Two

Your attention please, this is an announcement for all passengers booked on flight BG17 to Berlin with stops in Atlanta and Paris. Your departure gate has been changed to B30. Also, there will be a slight delay due to the heavy snowfall. The ground crew is in the process of de-icing the wings in preparation for your departure. We should be boarding in about 45 minutes. Thank you for your patience.

3. B

   Hinweis: *"Your departure gate has been changed to B30." (Z. 2 f.)*

4. C

   Hinweis: *"… there will be a slight delay due to the heavy snowfall." (Z. 3 f.)*

Listening Part 2: Radio Ads

Ad 1: Red Cross

A: I'm a doctor.
B: I'm a teacher.
A: I live in the South.
B: California is my home.
A: I speak fluent Spanish.
B: No hablo español.
A: I have brown eyes.
B: My eyes are blue.
A: We are very different people, but we do have something in common. I made a donation to the Red Cross.
B: When disaster struck, and I needed help, her gift to the American Red Cross changed my life.
A: When you support the American Red Cross, you change a life. Starting with your own.
B: Call 1-800-Red-Cross or visit redcross.org and find out about life-changing opportunities in your area.

5. A

Hinweis: *"I made a donation to the Red Cross." (Z. 9f.); "When you support the American Red Cross, you change a life." (Z. 13)*

Ad 2: Hurricane Protection

This is an important message from the U.S. Department of Health and Human Services. If you stay in your home through a hurricane, there are things you can do to protect yourself. Monitor radio or television for weather reports. Stay indoors until the storm passes. Seek shelter in a basement or an interior room. Stay away from all windows and exterior doors. Evacuate to a shelter or neighbor's home if yours is damaged or if emergency personnel instruct you to do so. To learn more, call the CDC at 800-CDC-INFO.

CDC Radio; http://www2c.cdc.gov/podcasts/player.asp?f=101624

6. B

Hinweis: *"If you stay in your home through a hurricane, there are things you can do to protect yourself." (Z. 2f.)*

Ad 3: Internet Safety

The Internet is a wonderful resource for kids. But in times like these the Internet can also increase your child's risk of being a victim of crime. Instruct your child to never give out personal information like their name, address or school name without your approval. Teach them about frauds and scams that often appear as friendly emails or offers that are too good to be true. Place your computer where you can see what your child is doing. Use software that prevents access to inappropriate sites and chatrooms. Teach your child what to do if they come across such sites or receive solicitations from strangers. Learn how they're using the Internet and how much time they're spending on it. Let's keep our kids as safe in the cyberworld as we try to do in the real one. Visit ncpc.org to learn more about how we can protect our children. That's ncpc.org. A message from the US Department of Justice, National Crime Prevention Council and the Ad Council.

Text: NCPC; NAB; BJA; http://www.nab.org/AM/ASPCode/SpotCenter/documents/guidebook_RapidResponse.pdf; audio-file: http://www.hark.com/clips/nnrcpycsqj-threats-on-children-ad; aufgerufen am 30.03.2011

7. C

   Hinweis: *"... the Internet can also increase your child's risk of being a victim of crime. Instruct your child to never give out any personal information ... (Z. 1ff.)*

Ad 4: SA young entrepreneurs

XXX and YYY are inspirational young entrepreneurs. They started working after school making woollen hats, selling them at taxi ranks, soccer matches, and clubs to make extra money. Orders began pouring in, so they decided to do a crash course in marketing. Now this passion started a company, called *Local Creations* and their label *Lux'n' Culture*. They began operating out of a backroom and because South Africa is alive with possibility, today it's the most popular clothing label and it is sold all over the country. In the true spirit of Ubuntu, *Local Creations* helps to promote other young designers. What you give is what you get. So give it all, South Africa.

Whoever you are, wherever you are, be a part of the rhythm of this nation.

8. A

   Hinweis: *"XXX and YYY are inspirational young entrepreneurs." (Z. 1), "Now this passion started a company ..." (Z. 4)*

Listening Part 3: Robben Island

PRISON DIRECTOR: Silence! *(mumble immediately stops)* Here on Robben Island you are only a number, a nobody! Your lives belong to us, and most of you will never leave this island alive. Now get movin'! *(noise of chained feet rattling as prisoners move away)*

DANIEL BIZOS: Yes, Ladies and Gentlemen, those were the words of welcome I heard more than 40 years ago, as I walked through the very gates you have just entered. And on the day I arrived here in 1963 my name changed from Daniel Bizos to Number 874/63. You see, I was one of the first political prisoners sent here to Robben Island by the white racist apartheid government of South Africa which ruled this country between 1948 and 1993. During this time discrimination against non-white people – like me – was not only acceptable but also legal.

Back then the prison was much smaller than what you see now. There were no buildings at all on the left over there. That is where we prisoners were forced to build our own prison – the Maximum Security Section B which we had to make so solid that no one could escape. *(slight pause)* The white guards thought *that* was the biggest joke of all.

Now please cross the courtyard and enter the Section B building on your left. Stop at the third cell on your right and take a look inside. This was the tiny space where I spent ten years of my life: No bed, only a mat to sleep on and a thin blanket. My toilet was a bucket in the corner and at first there was no toilet paper. You see, for them I was an enemy of the state and just like all political prisoners who had fought against apartheid I was shouted at, insulted and beaten every single day.

But worst of all was the loneliness and the fear about what was happening to our families. Almost all contact between us and our loved ones was cut off and I was constantly worried about Zarina, my beautiful young wife. But let Zarina tell you what it was like for her.

ZARINA: The night they broke into our house and arrested Daniel, I knew that something terrible would happen to him. He wanted equal rights for non-whites in South Africa and so the white government saw him as an enemy of the state. And then the trial came and Daniel was sent to Robben Island, which all of us knew was hell on earth.

Just because Daniel was a political prisoner, I was only allowed to see him once every six months – for thirty minutes …! And letters? Huh! He could get two letters a year, and none of them could be longer than 500 words. If a letter was longer, they would simply cut off the rest, even in the middle of a sentence. And all I could really write about were family matters, otherwise the information would be blackened out …

DANIEL: They tried to separate me from my wife and totally isolate me and my fellow prisoners from the outside world. Month after month after month – no radio, no newspaper, no idea of what was happening outside these prison walls. But then, just a year after me, one of the most notorious "enemies of the state" arrived on this island: Nelson Mandela, Number 488/64. He was put in the cell at the end of this corridor on your left, which would be his home for the next 18 years. You see, it's exactly like mine: 2 by 2 meters, just long enough for him to lie down – in the summer unbearably hot and humid, in the winter freezing cold.

When Nelson Mandela arrived here in 1964, things slowly started to change for us. Mandela had an inspiring personality and he reminded us how together we were strong and how we could learn from each other. Mandela showed us how with self-discipline we could make small changes in the way we were treated.

Now please walk out into the Section B courtyard, *(fade out)* where the prisoners were forced to stand in rows …

9. Yes
   Hinweis: *"… those were the words of welcome I heard more than 40 years ago, as I walked through the very gates you have just entered." (Z. 5 ff.)*

10. Yes
    Hinweis: *"… my name changed from Daniel Bizos to Number 874/63." (Z. 7 f.)*

11. No
    Hinweis: *"… non-white people – like me …" (Z. 11)*

12. Yes
    Hinweis: *"… the white racist apartheid government of South Africa which ruled this country between 1948 and 1993." (Z. 9 f.)*

13. Yes
    Hinweis: *"That is where we prisoners were forced to build our own prison – the Maximum Security Section B …" (Z. 14 f.)*

14. No
    Hinweis: *"No bed, only a mat to sleep on and a thin blanket. My toilet was a bucket in the corner …" (Z. 20 f.)*

15. No
    Hinweis: *"He could get two letters a year …" (Z. 35 f.)*

16. No
    Hinweis: *"… no radio …" (Z. 41 f.)*

17. Yes
   Hinweis: *"… in the summer unbearably hot and humid, in the winter freezing cold." (Z. 47f.)*

18. Yes
   Hinweis: *"When Nelson Mandela arrived here in 1964, things slowly started to change for us." (Z. 49f.)*

Listening Part 4: Gen Y (Generation Y)

PRESENTER: Welcome to the Teens Radio Show. Today we'll be talking about a topic which should be of special interest to our teenage listeners. First of all let me introduce Eve Gardener, a sociologist, who has written a book about our topic of today called "Generation Y – A Closer Look". Welcome to our show, Eve.

EVE: It's nice to be here.

PRESENTER: Let me also introduce a representative of this generation, 16-year-old Louie Thompson and his mother Helen.

LOUIE: Hey, everyone.

HELEN: Good afternoon.

PRESENTER: Before we take a closer look at your generation, Louie, I'd like Eve to tell us what the word "generation" actually means.

EVE: Well, it's very hard to define the word "generation", but as a sociologist I would say that a generation is a group of people who have grown up during the same period of time and share similar experiences and values. They are influenced by cultural, technological and political developments especially during their teenage years. In the past a new generation was said to begin every 20 to 25 years. But today, because of the fast technological changes of our time, a new generation is seen to begin every 15 years.

LOUIE: And you say I belong to this Generation Y. So, what are we like then?

EVE: First of all, Louie, you belong to this generation because you were born between 1977 and 1994. All of you grew up around computers, the Internet, cell phones, video games and mp3-players. Your generation is seen as being fast. You think two-minute-noodles aren't fast enough, and believe email is out and instant messaging is in.

LOUIE: Sure, that's the world we live in.

HELEN: And it's been great for me, too, that he is so good with computers. Last week when I was trying to solve a problem with my PowerPoint presentation, he really helped me out. And what would have taken me hours, Louie got done in five minutes.

LOUIE: See?!

HELEN: But what worries me a bit is that he's always doing several things at the same time, like watching TV and listening to music while talking or texting on the phone.

EVE: Yes, these Gen Y kids are multi-taskers, and are able to do many things at once. The problem is that none of these things get their full attention. Their grasshopper minds jump from topic to topic. They don't seem able to concentrate on anything for very long. Take, for instance, "twittering". When you are twittering you are sending fast messages or constant updates to your friends telling them everything that is happening at that very moment. And these updates are almost always useless pieces of information like "My cat has just farted" or "I hate this ice-cream."

HELEN: Who needs to know such useless things?

LOUIE: Oh, come on, Mum, as if you don't talk to some of your friends for hours on the phone and chat about all kinds of "useless things".

EVE: Friends. That's another thing. A recent study we did shows that young people from Generation Y have connections with hundreds of what they call friends on the Internet. But with a click of the mouse these electronic connections are broken – as quickly as they are taken up. But do these short-term connections have anything to do with real friendship?

LOUIE: I wouldn't call everybody I meet online a friend, but some of them are. And I also have plenty of what you call "real friends". And I've had them for ages.

PRESENTER: That's good to hear, Louie. – Helen, tell us what it's like to be a Gen Y parent.

HELEN: Well, I don't know if this is typical of a Gen Y parent, but I'm worried about my son's future. He's constantly surfing the web, clicking from site to site and googling his way through life. So I'm always afraid he'll forget the important things.

LOUIE: Oh come on, Mum, what's important to you is not always important to me.

HELEN: That could be, but school is important and I have to make sure you do well.

LOUIE: Yeah sure, but do you have to ring up my teachers to ask about my grades or what books we're reading at the moment? I'm not twelve anymore, Mum. I know what I'm doing.

PRESENTER: So Eve, after our short break you can tell us if Helen is a typical Gen Y parent …

(fade out)

19. B
Hinweis: "Let me also introduce a representative of this generation, 16-year-old Louie Thompson and his mother Helen." (Z. 7 f.)

20. B
Hinweis: "They are influenced by cultural, technological and political developments especially during their teenage years." (Z. 15 ff.)

21. C
Hinweis: "All of you grew up around computers, the Internet, cell phones, video games and mp3 players. Your generation is seen as being fast." (Z. 22 ff.)

22. A
Hinweis: "Their grasshopper minds jump from topic to topic." (Z. 36 f.)

23. C
Hinweis: "… have connections with hundreds of what they call friends on the Internet. But with a click of the mouse these electronic connections are broken – as quickly as they are taken up." (Z. 47 ff.)

24. C
Hinweis: "… but do you have to ring up my teachers to ask about my grades or what books we're reading at the moment?" (Z. 64 f.)

25. C
Hinweis: see entire text

Reading Part 1: Short Texts

1. B
Hinweis: "You cannot visit the Panda baby and his mother in the zoo for several months, but you can view them on the Panda Cam at www.sandiego-zoo.org."

2. C
Hinweis: "By registering your bike … allowing the Police Department to return it to you if it is ever lost or stolen."

3. A
Hinweis: "When fishing stand well back from water's edge"

4. D
Hinweis: see entire text

5. D

Hinweis: *"Each student must read at least five books during the summer"; "Parents must sign the books to show that their children have read them."*

Reading Part 2: Books

6./7. C, F

Hinweis: *Character: "… interested in the past and likes books with lots of facts" → Book C: "… history of humanity …";*
Character: "… go on a hiking tour to discover the beauty of the English countryside." → Book F: "… insightful and descriptive writing about our countryside …"

8./9. A, E

Hinweis: *"Character: "… murder mysteries and detective stories." → Book A "… to solve the murder of their shepherd, George."*
Character: "She also likes autobiographies … information on famous people." → Book E: "In this intimate memoir …"

10./11. A, G

Hinweis: *Character: "… likes novels in which animals play important roles." → Book A: "… about a flock of Irish sheep, who vow to solve the murder of their shepherd, George."*
Character: "… love at first sight …" → Book G: "… falls in love with Tyrone the moment she spots him in the crowd."

12./13. B, D

Hinweis: *Character: "… fond of stories set in times of war, especially love stories." → Book B: "… novel of passion, betrayal and danger, set in wartime Britain and Europe."*
Character: "… a photographer who is especially interested in animals and the countryside." → Book D: "Wildlife Photographer"; "This outstanding collection of photographs …"

14./15. E, G

Hinweis: *Character: "… fascinated by people who manage to overcome a difficult childhood ." → Book E: "Wan stood out from his peers from a young age … led to bullying from other children"; "Gok Wan himself is recounting the horrors of childhood bullying …"*
Character: "… has a soft spot for people or fictional characters who go against social norms – even in love stories." → Book G: "… married each other against the wishes of their families …"

16. C
Hinweis: *"... my children only knew the usual British emotions ... Now, however, there is a new influence in our house – this TV singing competition, which has introduced tears ..." (Z. 1 ff.)*

17. D
Hinweis: *"... people crying because they have not been allowed to stay ... have been allowed to stay ... not knowing whether they'll be allowed to stay or not." (Z. 5 ff.)*

18. D
Hinweis: *"... a generation who expect to become rich singing Bon Jovi songs ..." (Z. 13)*

19. A
Hinweis: *"... making fun of the format." (Z. 18)*

20. B
Hinweis: *"In my working life, I do not break down if things go wrong." (Z. 22 f.)*

21. C
Hinweis: *"She points out that many children think that if they want to be a singer ... they can. She adds that these children forget that they need talent, hard work and a lot of luck to make their dreams come true." (Z. 36 ff.)*

22. A
Hinweis: *"... who see very little value in learning ..." (Z. 42)*

23. D
Hinweis: *"... brings so many families together" (Z. 48); "It is discussed on Monday morning everywhere ..." (Z. 50); "... doesn't have racism ..." (Z. 51)*

24. C
Hinweis: *"... I never listen to you." (Z. 59)*

25. B
Hinweis: *"My children are lucky ... they also get my intelligent dad-comments." The author means exactly the opposite because he bothers his children with his stupid comments.*

Writing Part 1: Internship – A Questionnaire

Hinweis: *Du möchtest bei einer internationalen Firma ein Praktikum machen und musst deshalb einen Lebenslauf ausfüllen. Bei den folgenden Lösungen handelt es sich um Vorschläge – deine Lösung kann also ganz anders aussehen. Halte dich genau an die Vorgaben: Formuliere Stichpunkte, achte auf die Rechtschreibung und die Anzahl der geforderten Informationen.*

1. *Age:* 16/17
   Sex: Male/Female/male/female
   Nationality: German/Turkish/French …
2. inline skating/wakeboarding/reading/traveling …
3. waiter/waitress/shop assistant …
4. Mathematics/English/Chemistry/History …
5. architect/singer/musician …

Writing Part 2: Extreme Sports

Hinweis: *Lies dir die Aufgabenstellung aufmerksam durch und unterstreiche alle Fragen, die Russel stellt. So kannst du vermeiden, dass du versehentlich eine Frage übersiehst.*

Hi Russel,
I love extreme sports. I watch them all the time. But I've never had the opportunity to try any. I'm not sure what my parents would say if I wanted to go bungee jumping, but I hope they would understand that it' s less dangerous than horseback riding. Perhaps you can tell them that bungee jumping is really secure meanwhile and there is hardly any risk. And by the way, crossing the street is also risky, if you think about it. The other thing is that it's really expensive. I'm not sure if you could persuade your parents to give you money for that. I can tell you what I do when I'm in need of money. I tell my dad that his car's dirty and wash it for him, and he pays me the price of a car wash. Or you could try to be a tutor for primary school students. Let me know what you think of my suggestions.
I'm looking forward to your answer and maybe to going bungee jumping with you.
(your name)

Writing Part 3: A Trip to Brandenburg

Hinweis: *Diese Aufgabe ist eine Mediation, in der du Informationen sinngemäß ins Englische übertragen sollst. Du musst also nicht wortwörtlich übersetzen. Lies dir alle drei deutschen Texte zuerst aufmerksam durch. Suche dir dann zwei Aktivitäten aus und fasse deren Inhalt zusammen.*
Zuerst musst du deinem Freund/deiner Freundin erklären, um welche Aktivitäten es sich handelt. Dann sollst du über jeweils mindestens zwei weitere wichtige Aspekte in deiner E-Mail schreiben. Auch hier ist es wichtig, dass du deinen Text gut strukturierst und ihn am Ende noch einmal aufmerksam durchliest, um Fehler zu vermeiden.
In dem folgenden Lösungsbeispiel werden drei Aktivitäten genannt, bei der Bearbeitung der Aufgabe kann hingegen ein Abschnitt ausgelassen werden.

Hi Eric,
It's great that you're coming to see me again. I can't wait! I've already got some ideas of what we could do, so I thought I'd tell you about the places we could visit.
The first activity I was thinking of is indoor skiing, because we can even go in summer. The downhill track is over 100 meters long and we can go either skiing or snowboarding. There are courses, lifts and also competitions. I don't know how good you are at skiing. Personally, I could use some lessons first.
Another activity which sounds really interesting is a spa and indoor swimming pool in Brandenburg. There are different kinds of pools, with waves, salt water, even slides and of course lots of different saunas. They have a heated outdoor pool as well.
A third possibility could be going to a western-style town. They have, for example, stunt shows, line dancing and animal performances. We could even get dressed up as cowboys there. It sounds strange but it could be fun.
What do you think about my ideas? Please let me know and write back soon!
Best,
(your name)

Schriftliche Prüfung zum Mittleren Schulabschluss in Berlin
Englisch 2012

Listening Part 1: Conversations

- You are going to hear four short conversations.
- You will hear the recording twice.
- Match each conversation (1–4) with the correct picture (A–F) and put a tick (✓) in the box.
- There are two pictures that you do not need.

A

B

C

D

E

F

Number		A	B	C	D	E	F
1	Conversation 1						
2	Conversation 2						
3	Conversation 3						
4	Conversation 4						

Listening Part 2: Radio Ads

Please note: You do not need to understand every word to do this task.

- You are going to listen to four radio ads (ads 1–4).
- You will hear the recording twice.
- Read the statements below first, then listen to the recording.
- For each ad choose the correct statement (A–C) and put a tick (✓) in the right box.
- There is only one correct statement for each ad.

5. **(Ad 1)**
   This radio ad tells you about a new program which …
   A ☐ helps to stop young people from dropping out of school.
   B ☐ offers free transport for Mississippi kids.
   C ☐ helps Mississippi kids with their maths problems.

6. **(Ad 2)**
   This radio ad tells South Africans that they should …
   A ☐ learn to play an instrument.
   B ☐ take part in writing classes.
   C ☐ identify with their country.

7. **(Ad 3)**
   This radio ad tells you …
   A ☐ to make sure that nobody gets hold of your personal information.
   B ☐ that there is a hotline which helps citizens with money problems.
   C ☐ that there is an organization that trains dogs to find criminals.

8. **(Ad 4)**
In this radio ad London citizens are asked to …
A ☐ smile more on public transport.
B ☐ report any accidents at once.
C ☐ report anything unusual.

Listening Part 3: Ellis Island

- You are going to hear an audio tour.
- You will hear the recording twice.
- Read the ten statements below first, then listen to the recording.
- If you think a statement is correct, put a tick (✓) in the box for **YES**.
- If you think a statement is not correct, put a tick (✓) in the box for **NO**.

	Yes	No
9. The immigration center on Ellis Island was open from 1892 to 1954.	☐	☐
10. Annie's journey took more than two weeks.	☐	☐
11. Annie left Ireland to join her parents in America.	☐	☐
12. Annie was unsure about her future life in America.	☐	☐
13. Annie did not mind the terrible conditions on the ship.	☐	☐
14. Annie's brothers fell seriously ill during the journey to America.	☐	☐
15. On the ship, the passengers prepared for the immigration interviews.	☐	☐
16. The sight of the Statue of Liberty made Annie speechless.	☐	☐
17. When Annie left the ship, she got a birthday present.	☐	☐
18. The story of Annie and her brothers is a sad one.	☐	☐

Listening Part 4: CouchSurfing

- You are going to hear a radio show about CouchSurfing.
- There are four people in the show: the presenter Vincent Canary and three guests: Dido Bransted, her mother Linda and the CouchSurfer Jonathan Wilder.
- You will hear the recording twice.

- Read the statements below first, then listen to the recording.
- Put a tick (✓) in the box next to the correct statement.
- Only one statement is correct in each case.

19. In this show you can
    - A ☐ find out about a special way of travelling.
    - B ☐ win a summer holiday in a European country.
    - C ☐ both A + B

20. The experiences Jonathan had as a CouchSurfer
    - A ☐ were turned into a film.
    - B ☐ helped him at school.
    - C ☐ changed his view of the world.

21. On the CouchSurfing website you can find
    - A ☐ people who offer a place to stay.
    - B ☐ details about flights and trains.
    - C ☐ both A + B

22. In order to make sure that CouchSurfers travel safely, they should
    - A ☐ get in touch with their host's neighbours.
    - B ☐ publish their experiences on the website.
    - C ☐ take part in a CouchSurfing safety course.

23. To thank the hosts for their friendliness, CouchSurfers
    - A ☐ must also offer a place to stay at their home.
    - B ☐ must invite the hosts to a restaurant.
    - C ☐ do not have to pay the hosts.

24. The most important idea behind CouchSurfing is to
    - A ☐ show young people the famous sights of the world.
    - B ☐ help people understand other cultures.
    - C ☐ both A + B

25. At the end of the first part of the show,
    - A ☐ Dido suggests going CouchSurfing with a grown-up.
    - B ☐ Dido and her mother have not reached an agreement.
    - C ☐ both A + B

Listening: Candidate Answer Sheet **Name:** ____________________

For students: Put a tick (✓) in the correct box.

Part 1

Number		A	B	C	D	E	F
1	Con. 1						
2	Con. 2						
3	Con. 3						
4	Con. 4						

/ 4 P

Part 2

Number	A	B	C
5			
6			
7			
8			

/ 4 P

Part 3

Number	Yes	No
9		
10		
11		
12		
13		
14		
15		
16		
17		
18		

/ 10 P

Part 4

Number	A	B	C
19			
20			
21			
22			
23			
24			
25			

/ 7 P

/ 25 P

Reading Part 1: Short Texts

- Look at the text and the statements in each task.
- What does the text say?
- Put a tick (✓) next to the statement that matches the text – **A**, **B**, **C** or **D**.
- There is only **one** correct statement for each sign.

1.

To the Principal

Madam,

My daughter Sarah Hutch of class 10 has taken ill with chicken pox. Therefore, it will not be possible to send her to school for 10 days, as per physician's advice. Kindly grant her leave from 16th to 26th March 2010. I am also enclosing a medical certificate from the attending doctor.

Yours faithfully,

Mrs J. Hutch

Mrs Hutch wrote this letter to

A ☐ ask for the principal's advice.

B ☐ explain how Sarah became ill.

C ☐ ask for a medical certificate.

D ☐ excuse her daughter from school.

2.

herman ze german SAUSAGES

HELLO FRIENDS,

UNFORTUNATELY HERMAN STILL HAS A FEW THINGS THAT NEED TO BE FIXED AND THEREFORE HAS TO CLOSE THE SHOP THIS WEEKEND. ☹

WE WILL BE BACK FOR YOU ON MONDAY.

THANK YOU FOR YOUR UNDERSTANDING.

XXX HERMAN

A ☐ Herman is looking for someone who can fix things.

B ☐ Herman has gone to see some friends.

C ☐ Herman will not open his shop this weekend.

D ☐ Herman needs to buy a few things this weekend.

3.

> Because plastic isn't biodegradable, it's certain to outlive you by about a millennium or so. Each year thousands of marine animals choke to death on plastic trash they mistake for snacks. Our love for plastic disposables has also led to a flood of plastic trash the size of Texas in the North Pacific Ocean – not surprising when you consider that Americans run through about 100 billion plastic bags annually.

The best slogan for this text is:

A ☐ Don't eat endangered marine animals.

B ☐ Help keep Texas clean.

C ☐ Use less plastic.

D ☐ The North Pacific Ocean – a great place to go diving.

4.

> Passionate About Food.
>
> **My name is Luciano.**
> **I'm the General Manager**
> **at this Pret Shop.**
>
> My team and I meet every morning. We discuss the comments you've made, the good, the bad and the ugly. If we can deal with them ourselves, we will. If we can't, I'll forward this card to Julian Metcalf back at the office. I know he'll do what he can. If you have a minute, please do ask to speak to me or one of my team right now.

A ☐ In this shop customer feedback is welcome.

B ☐ This shop is only open in the morning.

C ☐ In this shop it only takes a minute to be served.

D ☐ In this shop you can get advice on how to improve your image.

5.

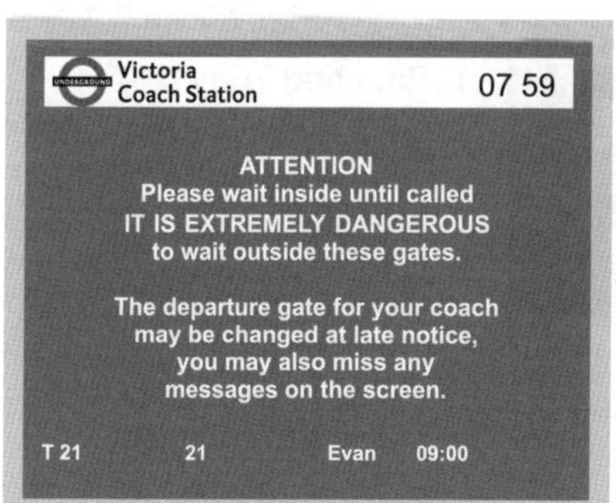

A ☐ Passengers are asked to wait for their coach inside the building.

B ☐ The coach to Victoria leaves at 7.59.

C ☐ The messages on this screen will not be updated between 8.00 and 9.00.

D ☐ While waiting, passengers can watch videos on the screen.

Reading Part 2: Activities in Sydney

- These tourists (a–e) are looking for two activities to do in Sydney.
- First read the information about the tourists, then look at the activities (A–G) on the next page.
- In each case (a–e) find the **two** activities the tourists can do. Write the letters of the activities in the boxes next to the tourists' names.
- Some of the activities can be chosen more than once.

No.	Activity 1	Activity 2	The tourists	
6/7				a) **Brodie and Jeanette Anstett** are in Sydney with their two children. Cindy (5) likes animals a lot and loves to get as close as possible to them. Their son Jamie is very fond of water so the Anstetts would like to get out of town for a little while.
8/9				b) **Priscilla Thornton** (31) is training to be a classical singer so she would be very interested in finding out what is going on behind the scenes of a musical theatre. After that she wouldn't mind having coffee in a nice neighbourhood and then do some shopping there.
10/11				c) **Paul and Tony** (25) It's their first holiday together. They are very interested in Australia's past – especially the beginnings and the time of the first prisoners. They would like to spend the afternoon at the sea in a relaxed and friendly environment.

12/13				d) **Clarisse Daniels** (70) would like to see some Australian animals but does not want to spend more than $ 20 on admission fees. She would also like to go to a part of Sydney where she can see both the old and the new face of the city.
14/15				e) **Taylor March** (20) is a very fit young man and would like to get a good view of Sydney in a special and exciting way. In the afternoon he would like to go to a museum but cannot really spend any more money.

A) **Bondi Shark Museum**

The Bondi Shark Museum features displays of sharks, marlin and all kinds of marine creatures. There is also an art gallery featuring Australian marine and indigenous paintings. One can experience the wonders of the planet's oceans in seven galleries as well as in a relaxation room with seating, videos, sounds of the ocean, murals, paintings, activities and games.

Opening times: 9.30 am – 6 pm Monday to Friday
10 am – 4 pm Saturday & Sunday

Entry fee: $ 8 Adults, $ 6 Concession and $ 4 Children under 12

B) **Sydney Harbour Bridge / The Bridge Climb**

Sydney Harbour Bridge – also affectionately known as the 'Coathanger' – is the world's largest steel arch bridge, and, in its beautiful harbour location, has become a renowned international symbol of Australia. The Bridge Climb is a 3 ½ hour guided journey to the top of the Sydney Harbour Bridge, 134 metres above Sydney Harbour.

In climb groups of up to 14 people, you'll be led by one of Bridge Climb's professional Climb Leaders on an adventure of the world's most recognisable bridge.

Admission: Adults $ 188 (night), $ 198 (day)

C) Opera House

The Sydney Opera House is considered by many to be one of the wonders of the modern world. Performances by various companies are being conducted all the time at the Opera House.
Choose from a one or two-hour tour that take in the extraordinary history, breathtaking architecture and the unseen workings of the Opera House and its daily life or take you behind the scenes to stand on stage.

a) The Guided Walking Tour (60 min): $35.00
b) Guided Backstage Tour (120 min): $150.00

D) Bondi Beach

The closest ocean beach to the centre of Sydney, Bondi has become synonymous with Sydney's beach lifestyle and is a symbol of tolerance, thus being also popular with the gay and lesbian community. It is fringed by parks and apartments that overlook the blue waters and the white sand.
Spanning the length of the beach, and across busy Campbell Parade, is a string of eateries, shops, hotels and tourist outlets, which bustle with activity most of the time.
Only a 30-minute drive from the centre of Sydney brings you to Bondi Beach.

E) The Australian National Maritime Museum

The Australian National Maritime Museum has thousands of exhibits depicting Australia's history – from ancient times when Aboriginal people trapped fish and traded with Asian neighbours, right up to the present. Visitors can see what life was like for the criminals who were sent to Australia on the convict ships; how Australia's first submarine fought bravely (and lost) in World War I; what people packed when they sailed to a new life on these shores; why surfboards have become shorter; and more.
Admission free of charge.

Opening Hours: Daily 09:00 to 17:00
Daily 09:00 to 18:00 in January

F) **The Rocks**

The Rocks is the foundation place of Sydney and Australia, and is often described as "Sydney's outdoor museum".
The Rocks is the oldest area of Sydney and has recently undergone an amazing metamorphosis, the old district being transformed into a vibrant pocket of cafés and restaurants and interesting tourist shops and stalls. This has been achieved without destroying the area's Old World charm and historic buildings.

The Sydney Visitor Centre in The Rocks (open daily 9.30 am to 5.30 pm) is an excellent starting point.

G) **Taronga Zoo**

Taronga Zoo features Australia's finest collection of native animals and a diverse collection of exotic species. What makes Taronga something special is its location. It is situated on elevated land along the waterfront. The Taronga Zoo has its own jetty and you are able to step off the boat and walk directly into the zoo.
If you would like to get up close to the animals and have your picture taken, then try the *Animal Encounters* experience. For a small fee, with the assistance of the rangers, you can enter the enclosures of some of the animals on display and have your picture taken by a professional.

Opening Hours:	Daily 09:00 to 17:00
Admission:	Adults $ 41, Pensioners $ 28, Children (4–15) $ 20

Reading Part 3: HIP Berlin

- Read the text and the statements on the opposite page.
- Put a tick (✓) in the box next to the correct answer.
- Only one answer is correct in each case.

A cold wind is blowing through Mitte, the once dull, grey district in central Berlin, which is now becoming a popular place for creative people from all over the world. Davide Grazioli, who is used to warmer weather, pulls his black woolly hat over his head and walks up Kastanien Allee – now sometimes called Casting Alley because of all the wannabe film directors and actors who come to its cafés. Grazioli is an Italian artist. Three years ago, he moved to Berlin from Milan with his wife and young daughter, and though his German is very basic, he enjoys the city. Berlin is "a place for new beginnings," Grazioli says. "Being in an unfinished place has a huge impact on you. In Milan I wouldn't have allowed myself to do something new."

Germany has a lot of fine qualities, but being hip isn't usually thought to be one of them. Up-and-coming artists, especially ones from abroad, used to go to London, Amsterdam or New York City rather than Hamburg, Munich or Cologne. As for Berlin, it hasn't been on the international list of cool cities since the early 1930s. If foreigners came to visit, they were hippies, spies, U.S. Presidents or peeping tourists, who wanted to look at communism from a safe distance. But two decades after the Wall that cut through Berlin's heart came tumbling down, the city is once again a happening place. It draws a large number of international designers, writers, architects, musicians and visual artists like Grazioli, some just to visit, many to stay.

While the cost of housing can be a big problem in other cities, Berlin's many inexpensive places to live are making it even more attractive. A big number of cheap apartments and empty factories and warehouses in the formerly communist eastern half has brought prices down throughout the city. You can get studio space for next to nothing. Even in Mitte, the center of Berlin's new *Szene*, newly renovated apartments rent for less than one quarter of what you'd pay in London. That's a big draw. But Berlin isn't just cheap. Some go there because it is not set in brick, stone and concrete, but in the process of redefining itself. A sort of artsy fashion, plus the underground music scene, plus 170 museums and many renovated monuments have all helped to make tourism increase fast. The number of visitors from abroad is up 2.5 times since 2003. Just as dramatic is the flood of foreigners moving to Berlin to live – they now make up almost 1 in 7 of its 3.5 million inhabitants. The number of non-German Europeans living in Berlin has more than doubled since 2003. There are now more of them than Turks, who long made up the largest group of foreigners. In Mitte, almost 30 % of the population comes from abroad; before the Wall came down, the only foreigners were a few East bloc diplomats. The new arrivals are making Berlin's population younger: unlike the Germans themselves, whose birthrate is among the lowest in

Europe, the foreigners are either bringing their children with them, or having them there. Mitte has the largest proportion of children under the age of 6. And that's not counting Brad Pitt and Angelina Jolie, who show up from time to time with their kids.

It's 2 p.m. on a Tuesday afternoon, and Davide Grazioli is sitting in a café with an Italian friend, Adalberto Andorlini, a producer who designs conferences. Tired of Milan, he and his family flew to Berlin and fell in love with it. "The kids didn't want to go back to Italy," Andorlini says. Life is very different from the stressful atmosphere he was once used to. "Here there's a community of people with a lot of free time to see one another," Andorlini says. "In Milan if you're not working at 8 p.m. you're not successful. I feel like I'm on holiday." The conversation turns to comparisons. "Berlin is like Paris in the '30s," Andorlini says. "It's a place where artists gather and things spring out of nothing." Grazioli isn't so sure. "It's more like New York in the '60s," he says. "All those abandoned lofts in SoHo."

It's an interesting discussion, without an obvious right answer. But the fact that it's even a topic of kaffeeklatsch in a trendy café on a Tuesday afternoon is just one more sign that Berlin is back.

Based on: Peter Gumbel: HIP, Time Magazine. November 16, 2009.

16. Mitte is a district in Berlin which

A ☐ attracts people from different nations.
B ☐ is famous for its hat shops.
C ☐ has a street also known as Casting Alley.
D ☐ both A + C

17. Davide Grazioli likes being in Berlin because

A ☐ it is easy to become a film director here.
B ☐ he can improve his German.
C ☐ he enjoys the weather here.
D ☐ he loves living in a city that is in the process of change.

18. Berlin attracted creative people

A ☐ in the late 1930s.
B ☐ between the early 1930s and the fall of the Wall.
C ☐ two decades after the fall of the Wall.
D ☐ both A + C

19. In terms of housing Berlin
    A ☐ experiences rising rents.
    B ☐ offers lots of cheap living space.
    C ☐ has newly renovated apartments that are cheaper than in London.
    D ☐ both B + C

20. Tourist numbers have
    A ☐ doubled yearly since 2003.
    B ☐ risen because of the many different things Berlin offers.
    C ☐ risen because of the excellent underground system.
    D ☐ gone up because of the many Germans who come to the city.

21. The foreigners living in Berlin
    A ☐ make up 2.5 million people.
    B ☐ are one seventh of the total population.
    C ☐ have nearly doubled in numbers since 2003.
    D ☐ make up half of the inhabitants of Mitte.

22. The population of Berlin is becoming younger because
    A ☐ the birthrate among Germans is rising.
    B ☐ children under 6 can get financial support from the state.
    C ☐ lots of foreign families with children live in Berlin.
    D ☐ both B + C

23. Adalberto Andorlini is
    A ☐ meeting his friend in a café in Berlin.
    B ☐ an Italian film producer.
    C ☐ an Italian who has moved from Berlin back to Milan.
    D ☐ on holiday in Berlin without his family.

24. The two Italians
    A ☐ prefer Italian working hours to those in Berlin.
    B ☐ think Berlin is a very hectic place.
    C ☐ compare Berlin with Amsterdam.
    D ☐ enjoy the lifestyle of Berlin.

25. The author's main intention is to inform the reader about
    A ☐ the housing situation in Berlin.
    B ☐ tourism in Berlin after the fall of the Wall.
    C ☐ the history of Berlin.
    D ☐ how Berlin is becoming attractive to other Europeans.

Reading: Candidate Answer Sheet **Name:** ____________________

For students: Put a tick (✓) in the correct box.

Part 1

Number	A	B	C	D
1				
2				
3				
4				
5				

/ 5 P

Part 2 (Sydney)

Number	Name	A	B	C	D	E	F	G
6/7	a) Brodie and Jeanette							
8/9	b) Priscilla Thornton							
10/11	c) Paul and Tony							
12/13	d) Clarisse Daniels							
14/15	e) Taylor March							

/ 10 P

Part 3

Number	A	B	C	D
16				
17				
18				
19				
20				
21				
22				
23				
24				
25				

/ 10 P

/ 25 P

Writing Part 1: A Social Networking Site

You want to join a new social networking site.

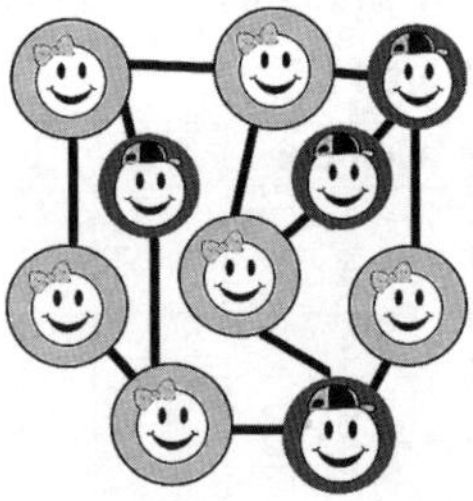

- Complete the form below.
- You must fill in each item. You may use your imagination.
- Just use **keywords** *(Stichwörter),* do not write complete sentences.
- Remember: Correct spelling is important!

MyFACE – Registration Form

Thank you for choosing MyFACE. To register, please fill in the form below. Be careful about giving your real name.

(1) **Screen Name:** ______________________

Age: ______________________

Sex: ______________________ 1 P

(2) **What do you like most about yourself?** (name two aspects)

- ______________________
- ______________________ 1 P

(3) **What are you really good at?** 1 P

____

(4) **What type of films do you like?** 1 P

____

(5) **Why would you like to join MyFACE?** 1 P

____

/5 P

Writing Part 2: Finding a Job

- Read what Ranjit has written.
- Then write back, answering all of his questions.
- You must write a minimum of 100 words. Do not use Internet slang.

E-pinion **Search the Web** go

E-pinion ▶ Community ▶ Public .... jobs

User Name ____________ Remember Me?

Password ____________ Log in.

Register	Help	Members List	Calendar	Arcade	Articles	Today's Post	Journal ▽	Search ▽

Name: Ranjit (15)
Joined E-pinion: January 2012
Location: Bradford

Hi guys,

I'll be finished with school next summer but I just don't know what to do afterwards. I'm interested in many things but I'm not sure what kind of job I want to do. Maybe you can help me. What are you planning to do? Is making a lot of money more important for you than doing a job you really enjoy?
I'm not sure where to get help on how to decide about my future.
Any ideas?
Will life be very different after school … what do you think?

Please write soon.
Ranjit

Hi Ranjit,

____

____

____

____

Inhalt:	/5 P	Sprache:	/5 P	Gesamt:	/10 P

Linie 1

Eines der erfolgreichsten deutschen Musicals!

Schon über 1 000 Aufführungen in Berlin!

Eine junge Ausreißerin vom Land kommt am Bahnhof Zoo an. Sie ist auf der Suche nach ihrem „Märchenprinzen", einem Berliner Rockmusiker. Ihre Suche führt sie mit der U-Bahn-Linie 1 durch ganz verschiedene Bezirke Berlins, und sie begegnet vielen unterschiedlichen Typen, die von ihren ganz persönlichen Schicksalen erzählen.

Eine Show, ein Drama, ein Musical über das Leben und Überleben in der Großstadt, zum Lachen und Weinen, zum Träumen – und zum Nachdenken über sich selbst.

Arena Tour!

Erleben Sie die modernste Multifunktionsarena Europas aus Perspektiven, die den Zuschauern sonst verborgen bleiben.
Bei unseren Besucherführungen erfahren Sie alles, was Sie schon immer über die O_2 World wissen wollten, z. B. „Wo bleibt das Eis bei Konzertveranstaltungen?". Unsere Guides lassen keine Frage unbeantwortet.
Die 60-minütige Tour führt Sie vom Eingangsbereich über die Premium Bereiche und die Suiten bis hin zu den Backstage-Bereichen und dem Innenraum der Arena. Die geschulten Guides erklären Ihnen die architektonischen und technischen Besonderheiten der O_2 World und geben Ihnen Einblicke in die Abläufe bei Konzert- und Sportveranstaltungen.

Ein Highlight für alle Sport-Fans ist der Besuch der Mannschaftskabine des wiederholten Deutschen Meisters Eisbären Berlin.

Die Mega Manga Convention 2012!
Das Manga-Event in Berlin und Brandenburg!

Es ist soweit! Die 7. MMC wird ihre Tore öffnen und wie immer wird sich alles rund um das Thema Manga und Anime drehen.
Auch 2012 wird es wieder einen eigenen Comicbereich geben. Verkauft Mangas, die ihr schon auswendig kennt und stöbert in den Neuerscheinungen! Schaut professionellen Zeichnern über die Schulter oder holt euch in einem unserer Workshops Tipps für eure eigenen Mangas!
Außerdem werden natürlich wieder viele Rollenspielvereine anwesend sein. Im eigenen Bereich werden Mangas und Anime auf die Bühne gebracht. Am besten ihr kommt gleich selbst im Kostüm! Für gute Stimmung ist in jedem Fall gesorgt, denn jeden Tag wird eine deutsche Rock- oder Popband auftreten.

Wir freuen uns auf Euch!
Euer MCĆ-Team

Writing Part 3: Two Tickets

As a present for your birthday your parents want to give you two tickets for an event. You would like to go there with your Irish friend who is coming to visit you for a week.

- Read the three texts about the events/activities you can choose from.
- Choose **two** events/activities.
- Write an e-mail to your friend telling him/her about the two events/activities you have chosen.
- For each one of them say what kind of event/activity it is and mention at least two more aspects that are important.
- **Do not translate word for word**, just give the main information used in these texts.
- Write complete sentences and use correct English.

To: ________________@hotmail.com

Ref: Let's go out

Hey ______________________,

I've just got a super birthday present – two tickets for an event of my choice. And that's something that we could do together when you are here. Here are the two events I find most interesting.

____

____

____

____

____

Which of the two would you like to go to? Tell me what you think.

☺ ______________________

Inhalt:	/6 P	Sprache:	/4 P	Gesamt:	/10 P

Lösungsvorschläge

Listening Part 1: Conversations

Conversation 1

Customer: I bought these jeans here last week. I'm afraid I have to return them.
Assistant: Is there something wrong with them?
Customer: No, nothing's wrong with them. It's just – they don't look right.
Assistant: Well if they don't fit properly, I am sure we can fix that.
Customer: Don't get me wrong – they fit perfectly. But I wore them to a party and my boyfriend didn't like them much.
Assistant: I'm sorry, once you've worn them, you can't return them.

1. D

*✎ **Hinweis:** "I bought these jeans here last week. I'm afraid I have to return them." (Z. 1), "No, nothing's wrong with them." (Z. 3)*
Bild B kann nicht zutreffend sein, da die Jeans in Bild B zerrissen ist. Zudem spricht die Person von ihrem Freund (Z. 6), was auch beweist, dass Bild D zutreffend sein muss.

Conversation 2

Customer 1: Did you see that? I can't believe it.
Customer 2: Did I see what?
Customer 1: Do you see the guy in the torn jeans … over there near the lift?
Customer 2: The one in the green shirt? What about him?
Customer 1: I'm sure he has just let a CD slip into his bag.
Customer 2: Really? That would be shoplifting. Do you think we should report it to one of the shop assistants?

2. E

*✎ **Hinweis:** "Do you see the guy in the torn jeans … over there near the lift?" (Z. 3), "I'm sure he has just let a CD slip into his bag." (Z. 5)*

Conversation 3

Customer 1: The food halls are on the seventh floor. Let's take the express elevator, it's right over there.
Customer 2: Hm, sorry, I'd rather not take the elevator. The last time I did, it got stuck between two floors and I had to spend nearly 30 minutes in there before someone managed to get us out. I almost panicked – you know how claustrophobic I can get.

CUSTOMER 1: Ouch, that sounds nasty. So let's take the escalator instead.
CUSTOMER 2: Okay …

3. C
Hinweis: "Let's take the express elevator …" (Z. 1/2), "So let's take the escalator instead." (Z. 7)
In Bild C zeigt jemand auf die Rolltreppe. Das passt genau zu dem, was im Dialog gesagt wird.

Conversation 4

CUSTOMER 1: Have you got another 10 minutes to spare? I saw this great pair of jeans the other day. I'd like to know what you think of them.
CUSTOMER 2: Oh, sure. Where did you see them?
CUSTOMER 1: Just around the corner – at "The Wild Bunch". It'll only take a few minutes.
CUSTOMER 2: "The Wild Bunch"? They're closed this week … they're renovating.
CUSTOMER 1: Too bad, aww that's probably why the jeans were 20 % off.
CUSTOMER 2: Could be, but I bet they'll have great re-opening offers next week, too.

4. A
Hinweis: "The Wild Bunch" (Z. 4), "They're closed this week … they're renovating." (Z. 6/7), "… they'll have great re-opening offers next week, too." (Z. 9/10)

Listening Part 2: Radio Ads

Ad 1: Scary Maths

There's some disturbing maths coming out of Mississippi schools. Every hour about 1.5 Mississippi kids drop out. Added up, that's about 36 kids every day, over a thousand a month, that's nearly 13,000 kids every year. And that's where the math really gets scary, because kids who drop out are twice as likely to end up on drugs; almost three times more likely to end up unemployed or on welfare; and ten times more likely to go to jail. That costs Mississippi more than 458 million dollars every year. But as disturbing as the numbers are, it's not about numbers, it's about lives.

That's why we've launched "On the Bus", a program designed to keep Mississippi kids in school. So get on the bus. Log on to "onthebus.ms" and see

how you can help. Because if you can help subtract just one number from the drop-out rate, well that's one life changed forever.
A message from State Farm Insurance and the Mississippi Department of Education.

http://www.onthebus.ms/ [12. 3. 2011]

5. A

Hinweis: *"Every hour about 1.5 Mississippi kids drop out." (Z. 1/2), "That's why we've launched 'On the Bus', a program designed to keep Mississippi kids in school." (Z. 9/10)*

Ad 2: SA rhythm

Hey there, South Africa, I want you to grab your pen, your pencils, your drumsticks, hoot your hula, tap on your desk, bang your foot, whatever you do, just get ready to play the rhythm that shows our country is alive with possibility. It's a simple rhythm in two parts. So, listen up – this is how the first part goes. *(music)*
And this is the second part. *(music)*
And that's it. Comes pretty naturally, doesn't it?
So, whoever you are and wherever you are, be a part of the rhythm of this nation.
Right, now let's put it all together. *(music)*

http://www.brandsouthafrica.com/index.php/componenUcontenUarticle/21-static/39-radio-ads.html [12. 3. 2011]

6. C

Hinweis: *"... be a part of the rhythm of this nation" (Z. 8)*

Ad 3: Identity Theft

(music)
MCGRUFF: When crime prevention is your life, your days don't stay quiet for long. *(telephone ringing)* What did I tell you? My name – McGruff, the crime dog. I wear a trench coat.
WOMAN *(on phone)*: McGruff – I need help!
MCGRUFF: That was a concerned citizen – and boy, did she sound concerned.
WOMAN: I'm very concerned.
MCGRUFF: What did I tell you?
WOMAN: Somebody took out a loan in my name. They are pretending to be me and spending my money. I cannot …
MCGRUFF: It's called identity theft and it's growing fast. Safeguard your personal information like your social security, credit card or bank account num-

bers – on the phone, online, even around the house because half of identity theft occurs by someone you think you know.

Learn more from the National Crime Prevention Council at NCPC.org. Take it from McGruff: Keep your identity to yourself and take a bite out of crime.

A message from this station, the US Department of Justice, Crime Prevention, Coalition of America and the National Crime Prevention Council.

http://www.ncpc.org/topics/neighborhood-watch [12. 10. 2011)

7. A
   ✎ ***Hinweis:*** *"Safeguard your personal information ..." (Z. 11/12)*

Ad 4: Safer London

You are someone who lives in London, someone who takes the tube, gets the bus, hails a cab, you're someone who stands on the right, holds open doors, smiles at strangers. You are someone with a partner, friends and family, mates and colleagues. You are someone with hopes and fears, ambitions and dreams, a past <u>and</u> a future. And you are someone who knows that terrorists won't succeed, as long as someone calls the police to report anything suspicious. You <u>are</u> that someone. If you see anything suspicious, a bag, a vehicle or just the way a person's behaving, don't leave it to someone else. If you suspect it, report it. Call 999, Metropolitan Police. Working together for a safer London.

http://content.met.police.uk/ [12. 10. 2011]

8. C
   ✎ ***Hinweis:*** *"If you see anything suspicious, ... report it." (Z. 7/8)*

Listening Part 3: Ellis Island

(introductory music)

GUIDE'S VOICE: Good morning everybody and welcome to Ellis Island Immigration Museum here in New York Harbor. In front of you is the statue of Annie Moore, a 15-year-old girl from Ireland, who was the very first immigrant to set foot on this island when it opened as an immigration center in 1892.

When the center was closed in 1954, more than 12 million people had come to America through this port. To most, Ellis Island had been an Isle of Hope, a stopping point on the way to a better life – as it had been for Annie Moore. Please press button A to listen to her story.

ANNIE'S VOICE: My name is Annie Moore and I was born in Ireland in 1877. My moment of glory I had on the first of January 1892 when I was the first person to set foot on Ellis Island.

We had set off from Cobh (*say:* Cove), Co. Cork, Ireland 12 days before. Oh, I remember that journey so well. I felt both excited and sad at the same time. Excited to see my parents and older siblings, who had left Ireland two years earlier in order to find work in America. You see, people couldn't get jobs in Ireland in those days and there were political problems with the British. America was the only hope.

My family's hopes had been fulfilled. They had found jobs, a place to live and they had enough money for food and clothing. Life was better than it had been in Ireland. But I also felt so sad about leaving my home, my friends, my relatives in Ireland.

I wondered if I would ever see them again. There were so many questions in my mind. What were the American people like? Would I find friends there? Were the streets really paved with gold? Did they eat Irish stew in America?

I remember the ship journey so well. I stood in line with my two younger brothers, Philip and Anthony. We were steerage passengers on the steamship Nevada. For us the conditions were miserable, with so many people crowded into a tiny, dark, foul-smelling space below deck. The whole journey was a nightmare. There weren't enough toilets or washrooms, it was freezing cold and people were constantly getting seasick.

I had to watch my brothers very closely to make sure they were safe. But at least I knew that they were healthy. This was important because there was going to be a medical inspection on arrival in New York. There we would be examined for symptoms of diphtheria, tuberculosis, typhoid and other weird diseases I couldn't even pronounce.

Anyway, to pass the time we played cards, sang, danced and talked. All around me I could hear Germans and Italians practicing their English. And most important of all were the rehearsals for answering the immigration inspectors' questions:

(STERN MALE VOICE:)

By whom was passage paid? Have you ever been in prison? Are you an anarchist? Are you a polygamist?

ANNIE'S VOICE: On the first of January 1892 the ship reached New York. The Statue of Liberty welcomed us as we sailed into the harbor. The greatness of Ms Liberty overcame us. Nobody said a word for she was like a goddess and we knew she symbolized the powerful country which was to be our future home. And then … we saw Ellis Island … and everyone started to cheer and cry.

Suddenly I heard someone shout “Ladies first” … and I remember being pushed ahead of a muscular German man by my brothers. Then I realized I was the first one off the ship! I was very surprised when an official gave me a \$ 10 gold piece. I had never seen so much money before in my whole life, and I did not know why he had given it to me. Was it because of my 15th birthday? Then he explained that Ellis Island was new, and the \$ 10 was a present to the first person to set foot on the newly-opened Ellis Island immigration port.

GUIDE’S VOICE: Now, over 100 years later, a statue of Annie and her brothers stands on Ellis Island. A similar statue can be found in Cobh (*say:* Cove), Ireland, where they began their voyage. There is even a song about Annie’s story. Press button B if you want *to listen to it.*

Based on: www.mayolibrary.ie/.../LifeStories/AnnieMoore/
http://www.ellisisland.org/Eiinfo/press_AnnieMoore.asp
http://www.coedu.usf.edu/culture/Story/Story_Ireland.htm
http://www.rootstelevision.com/blogs/megans-rootsworld/2007/12/a_pair_of_ellis_island_videos.html
[12. 2. 2011]

9. Yes

   Hinweis: *“It opened as an immigration center in 1892” (Z. 5/6), “… was closed in 1954” (Z. 7)*

10. No

    Hinweis: *“We had set off from Cobh, Co. Cork, Ireland 12 days before.” (Z. 14)*

11. Yes

    Hinweis: *“Excited to see my parents …, who had left Ireland two years earlier …” (Z. 16/17)*

12. Yes

    Hinweis: *“What were the American people like? Would I find friends there? Were the streets really paved with gold?” (Z. 25/26)*

13. No

    Hinweis: *“For us the conditions were miserable …” (Z. 29), “The whole journey was a nightmare.” (Z. 30/31)*

14. No

    Hinweis: *“But at least I knew that they were healthy.”(Z. 33/34)*

15. Yes

    Hinweis: *“And most important of all were the rehearsals for answering the immigration inspectors’ questions” (Z. 39–41)*

16. Yes

Hinweis: *"The greatness of Ms Liberty overcame us. Nobody said a word …" (Z. 46/47)*

17. No

Hinweis: *"… was a present to the first person to set foot on the newly-opened Ellis Island immigration port." (Z. 56–58)*

18. No

Hinweis: *"Life was better than it had been in Ireland." (Z. 21/22)*
Auch wenn die Reise hart war, so war die Auswanderung dennoch die Verwirklichung eines Wunsches. ("My family's hopes had been fulfilled." Z. 20)

Listening Part 4: CouchSurfing

VINCENT: This is Vincent Canary from *TTR Radio,* and welcome to our weekly edition of *"Have Your Say"!* Ever heard about a thing called "CouchSurfing"? You think it's a way to get rid of old furniture? *(chuckle)* Far from it! CouchSurfing is all about … travelling. And today you have the chance to find out more from my guests here in the studio.
First let me introduce Dido Bransted, who has just turned 18 and wants to spend her summer holidays surfing Europe's couches.

DIDO: Hi.

VINCENT: Also here with us is her mother Linda, who will tell us why she is not too fond of the idea. Welcome, Linda.

LINDA: Good afternoon.

VINCENT: And last but not least, we have Jonathan Wilder, who travelled the world for a year after finishing school.
Jonathan, you've written about your various CouchSurfing experiences in a blog.Would you tell our listeners something about CouchSurfing in general, just to give them an idea …?

JONATHAN: Sure. You know, it's only because of CouchSurfing that I was able to stay abroad for such a long time. This experience really changed the way I see the world.
But let me give you an idea of what CouchSurfing is all about: Let's say you want to go to Amsterdam for 4 days. First you go to the CouchSurfing-website and look for people from Amsterdam who have a "couch" on offer, which most often means a bed in their home. You explain what you are interested in doing while you're there and then you get several offers for places to stay. After choosing one of them, you contact your host, agree on

the details of your travel plans and … off you go to Amsterdam to meet new people who know the city really well!

LINDA: But that's just the point, Jonathan. You have no idea who these people are you'll be staying with! I don't even want to think of what could happen to Dido …!

DIDO: Oh come on, Mum, I'm already 18 and I know what I'm doing …

LINDA: … but that doesn't make it any less dangerous, Darling! You see, there are people out there who could do all sorts of …

JONATHAN: … Hold on. I understand your worries, Mrs Bransted. But the CouchSurfing program has a system of safety features. It sort of works like a neighbourhood watch program. For example, the good and bad experiences people have had are published on the Internet, and if anything terrible has happened, these people are taken off the list. But – as always – there is no absolute guarantee. By the way, these safety features are there to protect both sides of the deal, hosts and guests.

DIDO: See Mum, there's no need to worry. They're probably people just like us …

LINDA: And would we have to let a stranger stay at our place, too?

JONATHAN: You don't have to, Mrs Bransted. If you don't want to have somebody sleeping on your couch, you don't have to pay the hosts. Instead there are other ways Dido can show that she's thankful for her host's hospitality, like cooking a nice meal …

DIDO: That's the whole idea, money's not important here. CouchSurfing is a really cheap way of travelling. I'll only need money for the trip itself, for food, bus tickets, stuff like that. Cool, eh!

LINDA: Don't tell me there are people out there who don't expect to be paid … one way or another …

DIDO: Oh Mum, you're being so negative! The people who make such an offer have a vision. They want to connect people, help make the world a better place.

JONATHAN: You're right there, Dido. The first CouchSurfer, who later founded the organisation, was a student who didn't want to travel like Mr Tourist anymore. You know, in and out of hotels, visiting postcard sights but never really getting to know the people and their culture. And there is a clear mission: Only when you experience a culture from within can real understanding and intercultural tolerance develop. And isn't this what a globalised world really needs?

LINDA: I do see your point there, Jonathan, and the idea of meeting people from all over the world when you're young and don't have much money sounds fascinating. But still – a girl travelling on her own …

VINCENT: I see. You don't want to spend the summer holidays worrying about her, is that right? Well, Dido, your Mum would probably feel better if you didn't travel by yourself.

DIDO: I wasn't planning to in the first place. It's much more fun to travel with a friend. Fiona wants to come along.

LINDA: Fiona? Aha, two girls! As if that makes a difference! …

VINCENT: *(interrupting them)* I think this is a perfect time for a break. We'll be back in a minute with Jonathan, who will be telling us some fascinating stories of his CouchSurfing travels across the world … *(fading out)*

Based on: http://www.couchsurfing.org/about.html/faq [22. 11. 2009]

19. A
    Hinweis: *"CouchSurfing is all about … travelling." (Z. 4)*

20. C
    Hinweis: *"This experience really changed the way I see the world." (Z. 18/19)*

21. A
    Hinweis: *"First you go to the CouchSurfing-website and look for people … who have a 'couch' on offer, which most often means a bed in their home." (Z. 21–23)*

22. B
    Hinweis: *"It sort of works like a neighbourhood watch program. For example, the good and bad experiences people have had are published on the Internet …" (Z. 35–37)*

23. C
    Hinweis: *"…you don't have to pay the hosts." (Z. 45)*

24. B
    Hinweis: *"Only when you experience a culture from within can real understanding and intercultural tolerance develop." (Z. 60/61)*

25. B
    Hinweis: *"But still – a girl travelling on her own …" (Z. 65), "Fiona? Aha, two girls! As if that makes a difference! …" (Z. 71)*

Reading Part 1: Short Texts

1. D
   Hinweis: *"My daughter … has taken ill", "enclosing a medical certificate from the attending doctor"*
2. C
   Hinweis: *"Herman … has to close the shop this weekend."*
3. C
   Hinweis: *"plastic isn't biodegradable", "thousands of marine animals choke to death on plastic trash"*
4. A
   Hinweis: *"We discuss the comments you've made …"*
5. A
   Hinweis: *"ATTENTION! Please wait inside …"*

Reading Part 2: Activities in Sydney

6./7. D, G
Hinweis: Character: "Their son Jamie is very fond of water …"
→ Activity D: "ocean beach"
Character: "Cindy (5) likes animals a lot …"
→ Activity G: "Taronga Zoo"

8./9. C, F
Hinweis: Character: "Priscilla … would be very interested in finding out what is going on behind the scenes of a musical theatre."
→ Activity C: "Choose from a one or two-hour tour that …take you behind the scenes"
Character: "… she wouldn't mind having coffee in a nice neighbourhood and then do some shopping there."
→ Activity F: "cafés and restaurants and interesting tourist shops and stalls"

10./11. D, E
Hinweis: Character: "They would like to spend the afternoon at the sea in a relaxed and friendly environment."
→ Activity D: "ocean beach", "Bondi … is a symbol of tolerance, thus being also popular with the gay and lesbian community"
Character: "They are very interested in Australia's past."

→ *Activity E: "The Australian National Maritime Museum has thousands of exhibits depicting Australia's history."*

12./13. A, F

Hinweis: Character: "Clarisse Daniels (70) would like to see some Australian animals but does not want to spend more than $ 20 in admission fees."

→ *Activity A: "The Bondi Shark Museum features displays of sharks, marlin and all kinds of marine creatures.", "Entry fee: $ 8 Adults"*

Character: "She would also like ... to see both the old and the new face of the city."

→ *Activity F: "The Rocks is the oldest area of Sydney and has recently undergone an amazing metamorphosis."*

14./15. B, E

Hinweis: Character: "Taylor March (20) is a very fit young man and would like to get a good view of Sydney in a special and exciting way"

→ *Activity B: "The Bridge Climb is a 3 ½ hour guided journey to the top of Sydney Harbour Bridge, 134 metres above Sydney Harbour."*

Character: "... would like to go to a museum but cannot really spend any more money."

→ *Activity E: "The Australian National Maritime Museum", "Admission free of charge"*

Reading Part 3: HIP Berlin

16. D

Hinweis: *"... is now becoming a popular place for creative people from all over the world." (Z. 2/3), "Kastanien Allee – now sometimes called Casting Alley" (Z. 4/5)*

17. D

Hinweis: *"... a place for new beginnings" (Z. 8), "Being in an unfinished place has a huge impact on you." (Z. 8/9)*

18. C

Hinweis: *"But two decades after the Wall ... came tumbling down, the city is once again a happening place. It draws a large number of international designers, writers, architects, musicians and visual artists ... many to stay." (Z. 16–20)*

19. D

Hinweis: *"Berlin's many inexpensive places to live are making it even more attractive."(Z. 21–22), "... newly renovated apartments rent for less than one quarter of what you'd pay in London." (Z. 25–26)*

20. B

Hinweis: *"A sort of artsy fashion, plus the underground music scene, plus 170 museums and many renovated monuments have all helped to make tourism increase fast." (Z. 28–30)*

21. B

Hinweis: *"... foreigners moving to Berlin to live – they now almost make up 1 in 7" (Z. 32)*

22. C

Hinweis: *"... foreigners are either bringing their children with them, or having them there." (Z. 39/40)*

23. A

Hinweis: *"... is sitting in a cafe with an Italian friend." (Z. 43/44)*

24. D

Hinweis: *"... very different from the stressful atmosphere he was once used to." (Z. 46/47), "I feel like I'm on holiday." (Z. 49)*

25. D

Hinweis: *"The number of non-German Europeans living in Berlin has more than doubled ..." (Z. 33/34)*

Writing Part 1: A Social Networking Site

Hinweis: *Alle Eintragungen müssen sprachlich korrekt sein. Es sollen nur Stichwörter eingetragen werden. Ein Punkt wird aber nur gegeben, wenn diese Wörter richtig geschrieben sind. Bei der folgenden Beispiellösung werden verschiedene Alternativen gegeben.*

1. *Screen Name:* Monster
   Age: 16/17
   Sex: male/female

2. My sense of humour / I'm quite courageous. / I'm very friendly. / I like to help others. / I'm understanding. / I'm open-minded.

3. painting / playing guitar / playing football / math

4. science fiction / comedy / action / thrillers
5. to make new friends / to see what other people are doing / to show my favorite pictures / to arrange get-togethers with my friends

Writing Part 2: Finding a Job

Hinweis: *Bei der Beantwortung einer E-Mail ist es wichtig, dass alle gestellten Fragen beantwortet werden. Der Text klingt flüssiger, wenn typische Redewendungen verwendet werden.*

Hi Ranjit,
I'm not sure either what I'm going to do after leaving school in June. I was thinking of studying engineering but I'm afraid it will be too difficult. Ideally, I would like to have both, a decent salary and a job that I enjoy. I think earning a lot of money is not that important, but there are some jobs that only pay a minimum wage, so I would steer clear of those. That's why I might study engineering or architecture. It's fascinating and I'll probably earn a reasonable salary later on. If you are not sure what to do, you could talk to a student counselor at your school and to your parents.
Of course, life will be different after school, especially if you move out of your parents' house or leave your home city, everything will change.
I'm looking forward to hearing about your decision.

Best,
(your name)

Writing Part 3: Two Tickets

Hinweis: *Bei dieser Mediationsaufgabe müssen nur zwei der drei Aktivitäten beschrieben werden. Die Texte sollen nicht übersetzt werden, sondern es soll in eigenen Worten erklärt werden, worum es geht, und es sollen jeweils zwei weitere Punkte genannt werden. Im Lösungsbeispiel werden alle drei Aktivitäten präsentiert. Du solltest dir in der Prüfung die beiden Aktivitäten aussuchen, über die du am besten schreiben kannst.*

Hey John,
I've just got a super birthday present – two tickets for an event of my choice. And that's something that we could do together when you are here. Here are the two events I find most interesting.

One option is a musical theatre performance called Linie 1. It's about a girl who runs away from home and goes to Berlin, looking for her prince charming, a Berlin rock musician. On the way along the "U-Bahn Linie 1", she meets different people who each tell her their personal story.
Another activity we could do together is the Arena tour. This is a 60-minute guided tour that leads you through the different areas of the huge O_2 World. We can go backstage and see the changing rooms of the famous ice hockey team, the "Eisbären Berlin". The building itself is also supposed to be very fascinating because of its impressive architecture.
We could also go to the Mega Manga Convention in Berlin together. You can sell used Mangas there, and watch the professional Manga illustrators at work. We could take part in a workshop and learn how to make mangas ourselves. There will be role play clubs present as well and every day there will be a performance by a German rock or pop band.
Which of the two would you like to go to? Tell me what you think.

Best,
(your name)

Schriftliche Prüfung zum Mittleren Schulabschluss in Berlin
Englisch 2013

Listening Part 1: Voicemail Messages

- You are going to hear two voicemail messages.
- You will hear the recording twice.
- There are four questions in this part, two questions for each message.
- Look at the pictures and then listen to the recording.
- Choose the correct picture and put a tick (✓) in the right box.

Message One

1. What time are the friends going to meet?

A ☐	B ☐	C ☐	D ☐

2. What should Emily bring?

A ☐	B ☐	C ☐	D ☐

Message Two

3. What is the new time table for the following day?

A	B	C	D
School:	**School:**	**School:**	**School:**
TUESDAY	**TUESDAY**	**TUESDAY**	**TUESDAY**
Math	Geography	Geography	Chemistry
Math	Chemistry	Chemistry	Geography
Chemistry	Art	Math	Art
Art	Art	Art	Art
A ☐	B ☐	C ☐	D ☐

4. Which of these teachers does Sam really like?

A ☐

B ☐

C ☐

D ☐

Listening Part 2: Radio Ads

Please note: You do not need to understand every word to do this task.

- You are going to listen to four radio ads (ads 1 to 4).
- You will hear the recording twice.
- Read the statements below first, then listen to the recording.
- For each ad choose the correct statement (A–C) and put a tick (✓) in the right box.
- There is only one correct statement for each ad.

5. **(Ad 1)**
This recording is …
A ☐ a warning against the dangers of diving.
B ☐ an advertisement for diving lessons.
C ☐ a report about a diver's experience.

6. **(Ad 2)**
The Nebraska Bookstore …
A ☐ has special opening hours for students.
B ☐ specializes in books about animals.
C ☐ offers the best price for used books.

7. **(Ad 3)**
This ad invites you to …
A ☐ come to the young scientists' exposition at the university.
B ☐ visit the newly opened science fiction book shop.
C ☐ spend time with your friends at the fun park.

8. **(Ad 4)**
This radio ad informs you about …
A ☐ a medical course at a university.
B ☐ a new medication against insect bites.
C ☐ how to protect yourself and others from getting the flu.

Listing Part 3: The Globe Theatre

- You are going to hear an audio tour.
- You will hear the recording twice.
- Read the ten statements below first, then listen to the recording.
- If you think a statement is correct, put a tick (✓) in the box for **YES**.
- If you think a statement is not correct, put a tick (✓) in the box for **NO**.

		Yes	No
9.	People loved going to the theatre in Shakespeare's days.	☐	☐
10.	The first performance at the new Globe Theatre took place in 1989.	☐	☐
11.	In some parts of the old Globe, people had to stand.	☐	☐
12.	On hot summer days there was a terrible smell in the cheap part of the theatre.	☐	☐
13.	Eating and drinking were not allowed during the play.	☐	☐
14.	In Shakespeare's time, the audience showed immediate and strong reactions to what they saw on stage.	☐	☐
15.	Molly became excited because she thought what she saw on stage was real.	☐	☐
16.	In Shakespeare's time, all of the roles were played by male actors.	☐	☐
17.	The actor Henry Condell found it difficult to act for the groundlings.	☐	☐
18.	The theatre had to pay Shakespeare some money for each performance of his plays.	☐	☐

Listening Part 4: Extreme Sports

- You are going to hear a talk show about extreme sports.
- There are four people in the talk show: Alison Freeman (the presenter), Greg Moore, Adam Sweeney and Marietta Collins.
- You will hear the recording twice.
- Read the statements below first, then listen to the recording.

- Put a tick (✓) in the box next to the correct statement.
- Only one statement is correct in each case.

19. The term BASE refers to
    A ☐ a bridge in New York used by BASE jumpers.
    B ☐ different objects and places you can jump from.
    C ☐ a parachute brand used for jumping.

20. BASE jumpers love
    A ☐ floating in the air as long as possible.
    B ☐ being under time pressure.
    C ☐ both A + B

21. A reason for Greg to do BASE jumping is
    A ☐ to become fit.
    B ☐ to do something illegal.
    C ☐ to test his limits.

22. The fight-or-flight response
    A ☐ is caused by adrenaline.
    B ☐ causes an unpleasant feeling when jumping.
    C ☐ both A + B

23. Adam joined the Search and Rescue Team because he
    A ☐ can deal with stress very well.
    B ☐ likes to help others and stay fit.
    C ☐ both A + B

24. Adam thinks that BASE jumpers
    A ☐ are a danger for other people.
    B ☐ should not be helped.
    C ☐ should use protective clothing.

25. According to Marietta, both Adam and Greg
    A ☐ endanger their lives but for different reasons.
    B ☐ are examples of modern day heroes.
    C ☐ both A + B

Listening: Candidate Answer Sheet **Name:** ______________________

For students: Put a tick (✓) in the correct box.

Part 1

Number	A	B	C	D
1				
2				
3				
4				

/ 4 P

Part 2

Number	Ads	A	B	C
5	Ad 1			
6	Ad 2			
7	Ad 3			
8	Ad 4			

/ 4 P

Part 3

Number	Yes	No
9		
10		
11		
12		
13		
14		
15		
16		
17		
18		

/ 10 P

Part 4

Number	A	B	C
19			
20			
21			
22			
23			
24			
25			

/ 7 P

/ 25 P

Reading Part 1: Short Texts

- Look at the text and the statements in each task.
- What does the text say?
- Put a tick (✓) next to the statement that matches the text – **A**, **B**, **C** or **D**.
- There is only **one** correct statement for each sign.

1.

> I am a hairstylist from Beverly Hills. I have extensive experience as an educator for two of the top hair companies in the world. This Saturday I will be doing a cutting demonstration at a new up and coming salon in the city. I am going to be the Master Stylist there and need to show my skills. I need three models who need to be open to something modern and edgy …
>
> 1. willing to change from long-mid length to a shorter bob type length
> 2. curly haired (since cutting curly hair is a passion of mine)
> 3. creative, funky, fun!!
>
> If interested please send a current picture with a clear view of your hair.
>
> Garreth
>
> P.S. my haircuts are $ 120 normally but free this time only!

Garreth

A ☐ charges haircut models $ 120.

B ☐ is looking for haircut models.

C ☐ is a haircut model.

D ☐ is looking for three new assistants.

2.

> **Win a FREE Ride in a Police Car just by shoplifting from this store.**
>
> **Lucky Winners will also get their name in the newspaper for their friends and family to see!**
>
> **Won't Mom & Dad be proud?**

You could see this sign

A ☐ in a supermarket.

B ☐ at a police station.

C ☐ at a taxi stand.

D ☐ in a lift.

3.

CENTRAL CRIMINAL COURT

SECURITY NOTICE

IN THE INTERESTS OF SAFETY & SECURITY

ALL PERSONS ENTERING THE COURT WILL BE SEARCHED

PLEASE BE READY TO CO-OPERATE WITH THE SECURITY TEAM. ***Thank you!***

A ☐ You should apply here if you want to work on the security team.

B ☐ For safety reasons the courtroom will be searched before session.

C ☐ You are not allowed to enter the building during court hours.

D ☐ When entering this building be ready for a security check.

4. **MTV Open Casting Call in Chicago for Teens**

MTV is having an **open casting call** for high school dropouts for a new reality show. MTV is casting for 20 high school dropouts who will be given another chance to take classes again. The teachers will be people who are the top of their fields. The teens will also be able to speak with people from several organizations about returning to school and entering the job force.
With this show MTV hopes to get the 20 students excited about school again.

For a new reality TV show MTV is looking for

A ☐ students who have always loved going to school.

B ☐ young people who have left school without any qualifications.

C ☐ teachers who are good at motivating young people.

D ☐ organizations that offer jobs to high school students.

5.

A ☐ Buy six tickets and get one free.

B ☐ When you have six stamps, you will get a reduction.

C ☐ Your loyalty card costs £3.

D ☐ This card is a group ticket for six people.

Reading Part 2: Activities in Edinburgh

- These tourists (a–e) are looking for two activities to do in Edinburgh.
- First read the information about the tourists, then look at the activities (A–G) on the next page.
- In each case (a–e) find the **two** activities the tourists can do. Write the letters of the activities in the boxes next to the tourists' names.
- Some of the activities can be chosen more than once.

No.	Activity 1	Activity 2	The tourists	
6/7				a) **Eiji Fujimura** Eiji is from Tokyo, Japan, and he is very fond of the arts from his home country. So wherever he is, he enjoys going to events that celebrate Japanese arts. Mr Fujimura is also a big fan of the Royal Family and would like to see how they used to travel when they were at sea.
8/9				b) **Deirdre and Brenda** These two elderly ladies are still young at heart and they like events for and/or about children and young people. They hope to find a museum that does not cost anything. In the evening they're planning to spend some time in a trendy area of the city and go for a drink.
10/11				c) **Heidi K. Lumm** Heidi usually travels alone but she does not like exploring sights on her own. She prefers a guide to tell her interesting things. She is also very interested in fashion. That is why she would like to find the part of the city where she can check out the latest trends.

12/13				d) **Russel Perry** Russel lives in a very busy area of his hometown with lots of shops and bars so he would like to have some peace and quiet and enjoy nature when he is away. He is also very interested in the arts, especially in classical music.
14/15				e) **McBergers** Clive and Helen McBerger are spending the weekend in Edinburgh with their children. On Saturday they would like to learn something about the history of Edinburgh. Since they are all interested in astronomy and science, they would like to go to an exhibittion or a museum on Sunday before they leave the city around 1 pm.

A) **Edinburgh Castle**

No visit to Edinburgh is complete without a visit to Edinburgh Castle, and once you have ventured up to the highest parts of Edinburgh Castle's structure, you will be overwhelmed by the spectacular views of Edinburgh afforded from this Scottish "Castle of Castles".
A complimentary guided tour of the castle is offered by experienced and well-informed stewards. Experienced guides with a great knowledge of Edinburgh's past look forward to sharing their stories with you.

Opening times: Daily 9.30 am – 6.00 pm

Admission: Adult: £ 15.00; Child: £ 8.50; Child under 5: FREE

B) **Our Dynamic Earth**

Our Dynamic Earth takes you on a journey through our planet's past, present and future, with interactive exhibits and impressive technology, including a 4D and 3D experience. Beginning with the Big Bang, children and adults alike can witness the creation of the Earth, follow the planet through its evolution and even catch glimpses of its future. Dynamic Earth presents all aspects of the planet we live in.

Opening times: 10.00 to 17.30 daily (last entry 1 hour 30 mins before closing)

Admission: Adults: £ 10.80; Children (3–15): £ 7.80; Students: £ 9.50

C) **The Museum of Childhood**

The Museum of Childhood is a fun day out for the whole family. Young people can learn about the children of the past and see a fantastic range of toys and games, while adults enjoy a trip down memory lane.

Young people and adults will enjoy finding out about growing up through the ages, from toys and games to health and school days. Hands-on activities, together with our fantastic museum shop, help to make your visit a memorable one.

Opening times: Monday – Saturday 10 am – 5 pm; Sunday 12 pm – 5 pm.

Admission: Admission is free, but donations are welcome.

D) **George Street**

From fashionista's favourite Harvey Nichols and designer shops to star studded jewellers, George Street has it all going on. And when day turns to night, the street comes alive with partygoers who flock to the area's many stylish bars. This district's vision is to ensure that Edinburgh city centre excels as a place to work, a place to do business, a place to shop and a place to visit. Welcome to Edinburgh's most celebrated shopping area.

E) **Edinburgh Music Festival**

Experience the unique atmosphere of Edinburgh in August during an unforgettable three weeks of the very best in international opera, music, theatre, dance and visual arts.
This year's festival celebrates the vibrant and diverse cultures of Asia with the finest artists from countries and regions including China, India, Japan, Korea, Taiwan and Vietnam joining others from around the world to explore our shared passions, all against the backdrop of Scotland's stunning capital city.

F) **The Royal Botanic Garden**

The Royal Botanic Garden Edinburgh was established in 1670 and during the twentieth century acquired three Regional Gardens – the mountainous Benmore in Argyll; Dawyck in the wooded hills of the Scottish Borders and Logan on the Gulf Stream-warmed southern peninsula of Dumfries & Galloway. Refresh your senses and explore the riches of the green kingdom at one of the world's finest botanic gardens.

Opening times: 10 am to 6 pm

G) **Royal Yacht Britannia**

This magnificent ship has played host to some of the most famous people in the world. But, above all, she was home to Her Majesty The Queen and the Royal Family. Now in Edinburgh you are welcome on board to discover the heart and soul of this most special of royal residences. A must-see tourist attraction in Edinburgh's historic port of Leith.

Opening times in the summer: 9.30 am – 4.30 pm

Admission: Adults £ 11; Children (5–17) £ 7; Families (2 adults and up to 3 children) £ 32.50

Quellennachweis: A) Adapted from: Edinburgh Media, URL: http://www.edinburghcastle.biz/; B) Adapted from: Our Dynamic Earth, URL: http://www.dynamicearth.co.uk/visitors/whatisode;C) Adapted from: City of Edinburgh Council, URL: http://www.edinburgh museums.org.uk/Venues/ Museum-of-Childhood; D) Adapted from: George Street Association, URL; http://www.edinburghgeorge street.co.uk/; E) Adapted from: Edinburgh International Festival Society, URL: http://www.eif.co.uk/; F) Adapted from: Royal Botanic Garden Edinburgh, URL:; http://www.rbge.org.uk/the-gardens/home; G) Adapted from: The Royal Yacht Britannia, URL: http://www. royalyachtbritannia.co.uk/plan-your-visit/the-britannia-experience

Reading Part 3: Learning from a Scary Guy

- Read the text and the statements on the opposite page.
- Put a tick (✓) in the box next to the correct answer.
- Only one answer is correct in each case.

He wears sunglasses and a leather jacket. Piercings cover his face, tattoos cover his body and his facial hair is died a bright yellow. His name is The Scary Guy. When he walks into the gym of Jaffrey-Rindge Middle School on Thursday morning, all the students fall silent and stare at him. Scary Guy knows exactly how people are judging him, thinking he is a biker or a wrestler and a potentially dangerous person. All of this is based on the way he looks. But by the end of his presentation, they are lining up to give him hugs.

In fact, Scary Guy was a tattoo artist, and before that he was a computer salesman. Before that, he shot baby portraits for a living. He got his first tattoo at the age of 30 and now has tattoos that cover an estimated 85 % of his body. He has added them over the years as a reflection of his life. They are what he calls modern tribalism and reflect events he has experienced from humorous to stressful. There is a tattoo of a guy who represents his former life in the computer business called "Yuppiecide". Other tattoos represent his own art or designs he thinks look cool. The change came for him in 1998, when he legally changed his name in an Arizona court from Earl Kenneth Kaufmann to The Scary Guy. He hit the road, sold his tattoo shops and decided it was his mission to teach people how to create love and peace. Now Scary Guy gives 700 live performances per year. "This is a mission," Scary Guy says. "I only have so much time. I want to reach as many people as I can before I die."

In residence at Jaffrey-Rindge Middle School for Thursday and Friday, Scary Guy speaks before the entire school, individual classes, a group of teachers and a group of community members. Throughout his time at the school, Scary Guy teaches that people need to understand that hateful speech says more about the speaker than about the person it is directed at. "You have to imagine in New York City someone looking like this walking down the street," Scary Guy says. "They look at me like, 'There's another lunatic. What an idiot. Who would want to do that to themselves?' That's them, not me."

Scary Guy's physical appearance is an important aspect of his presentation. In a world full of violent images on television, on the Internet and in other media, he is able to get people's attention. The middle school students were not attracted by his presentation because he is a nice guy with a good message, but they were blown away by his image and his message combined. Once he has their attention, however, and he is able to get his message across, the tattoos and the rest of his image melt away.

Ryan Earley, principal of Jaffrey-Rindge Middle School, says he heard about Scary Guy from health teacher Michelle Durand, who had been trying to bring him to the school for seven years. "His message is equivalent with what we're trying to coach in our school with that low level bullying," Earley says. He continues to say that they deal with – rather than ignore – the beginning stages of bullying before it escalates. According to Earley, Scary Guy's program was a success. "I was astounded at the interest by our entire student body," Earley says. "Scary stated this was the first time after a performance that audience members made a line to give him a hug good bye or a kind word." That happened with Scary Guy's presentation to the eighth grade class, which went 45 minutes longer than planned.

In addition to the formal sessions, Scary Guy sat down together with Earley, assistant principal Robert Clark and school behavior specialist Taylor Ratcliffe to talk to a student identified as an at-risk student. "I think it was very meaningful to show the individual there were three people in the school who cared," Earley says.

In the coming weeks, the middle school will make Scary Guy's message part of their teaching program. This includes not using any hateful speech for seven days. Earley says the school will also look to bring Scary Guy back regularly every few years. "His message is so prepared and so meaningful that after the first couple of minutes, I didn't see the tattoos or the piercings," Earley says. "I just heard meaning coming from him. He connects with every individual because everyone can relate to areas of love and pain and, at the same time, the desire to change the world and empower each other to move past hate."

based on: Monadnock Ledger-Transcript, URL: http://www.ledgertranscript.com/article/learning-from-scary-guy (24. 6. 2011) and the article "The Scary Guy" from Wikipedia, the Free Encyclopedia, licensed under CC-BY-SA 3.0 Unported, URL: http://en.wikipedia.org/wiki/The_Scary_Guy (07.09.2011)

16. Scary Guy's outward appearance makes
    - A ☐ him look like a celebrity.
    - B ☐ him look dangerous.
    - C ☐ the students at the school cheer loudly.
    - D ☐ all of them (A + B + C)

17. In the past Scary Guy
    - A ☐ sold computers.
    - B ☐ wrote a book on modern tribalism.
    - C ☐ killed somebody.
    - D ☐ both B + C

18. The tattoos on Scary Guy's body
    - A ☐ now add up to 30.
    - B ☐ show phases and events in his life.
    - C ☐ started off as a joke.
    - D ☐ were designed by "Yuppiecide".

19. In 1998 Scary Guy
A ☐ changed his life.
B ☐ had to go to prison.
C ☐ joined the peace movement.
D ☐ nearly died.

20. At JR Middle School[1] Scary Guy
A ☐ talks to each student individually.
B ☐ explains that hateful speech shows the speaker's character.
C ☐ talks about his future life in New York City.
D ☐ tells his listeners that he sees himself as a lunatic.

1 JR Middle School = Jaffrey-Rindge Middle School

21. Scary Guy first attracts the students' attention because
A ☐ of the way he looks.
B ☐ they know him from television.
C ☐ of the violent pictures he shows.
D ☐ he is a nice person.

22. The principal of JR Middle School, Ryan Earley,
A ☐ told a health teacher to interview Scary Guy.
B ☐ is worried about the bullying among his colleagues.
C ☐ believes in Scary Guy's message.
D ☐ met Scary Guy 7 years ago.

23. Scary Guy's program at JR Middle School
A ☐ lasted 45 minutes.
B ☐ was designed for at-risk students.
C ☐ was successful with the students.
D ☐ both A + B

24. JR Middle School is planning to
A ☐ integrate Scary Guy's ideas into the lessons.
B ☐ punish students for using hateful speech.
C ☐ invite Scary Guy every year.
D ☐ all of them (A + B + C)

25. Which saying sums up the message of the text best?
A ☐ Don't throw the baby out with the bath water
B ☐ Attack is the best form of defence.
C ☐ Don't judge a book by its cover.
D ☐ Better late than never.

Reading: Candidate Answer Sheet   Name: ______________________

For students: Put a tick (✓) in the correct box.

Part 1

Number	A	B	C	D
1				
2				
3				
4				
5				

/ 5 P

Part 2 (Edinburgh)

Number	Name	A	B	C	D	E	F	G
6/7	a) Eiji Fujimura							
8/9	b) Deidre and Brenda							
10/11	c) Heidi K. Lumm							
12/13	d) Russel Perry							
14/15	e) McBergers							

/ 10 P

Part 3

Number	A	B	C	D
16				
17				
18				
19				
20				
21				
22				
23				
24				
25				

/ 10 P

/ 25 P

Writing Part 1: International Work Camp

You want to help in a social project and work together with young people from all over the world.

- Complete the application form below.
- You must fill in each item. You may use your imagination.
- Just use **keywords** *(Stichwörter)*, do not write complete sentences.
- Remember: Correct spelling is important!

Work Camp Application

You are interested in working for an international project? Then we need to know more about you. Please fill in this questionnaire to help us find the right project for you.

(1) **Name:** ______________________

Age: ______________________

Sex: ______________________ 1 P

(2) **What kind of work are you interested in?** 1 P

____

(3) **What languages do you speak?** (Name two)

- ______________________
- ______________________ 1 P

(4) **What do you like doing in your free time?** 1 P

____

(5) **Which country would you like to go to?** 1 P

____

/5 P

Writing Part 2: Social Networks

- Read what Gloria has written.
- Then write back, answering all of her questions.
- You must write a minimum of 100 words. Do not use Internet slang.

E-pinion **Search the Web** go

E-pinion ▶ Community ▶ Public .... social networking sites

User Name ____________ Password ____________ Remember Me? Log in.

Register	Help	Members List	Calendar	Arcade	Articles	Today's Post	Journal ▽	Search ▽

Name: Gloria (15)
Joined E-pinion: February 2013
Location: Swansea, Wales

Hey guys,

I've got a real problem with my boyfriend. He spends so much time on social networking sites that he doesn't have any time left for me. Maybe you've got some good advice. How long do you spend chatting onlino with your friends and when do you do it? What do you think of social networks? I know they have lots of good sides, but they can cause some real problems, too.
What can I do to get my boyfriend away from his computer? Please give me some ideas.

Gloria

Hi Gloria,

____

____

____

____

____

____

____

Inhalt: /5 P Sprache: /5 P Gesamt: /10 P

T-Hall

Klettern ist mehr als nur ein Sport – die T-Hall ist mehr als nur ein Ort, um ihn auszuüben.

Hier können Sie unter Anleitung und in freundlicher Atmosphäre das Klettern erlernen und erleben.

Wir bieten eine Vielzahl an Kursen, die von professionellen Trainerinnen und Trainern betreut werden und an denen Sie ohne Vorkenntnisse teilnehmen können.

Unsere 7 m bis 12 m hohen Kletterwände laden auf über 1 800 m^2 mit mehr als 200 Routen zu den ersten Schritten ein und bieten gleichermaßen herausfordernde Schwierigkeiten für fortgeschrittene Kletterer. Kraftraum, Sauna und Bistro runden das Erlebnis in der T-Hall ab.

Thiemannstr. 1
12059 Berlin
Mo – Fr
10.00 – 24.00 Uhr
Sa, So, Feiertage
10.00 – 22.00 Uhr

Berliner Unterwelten

Erleben Sie Berliner Stadtgeschichte aus einer ungewöhnlichen Perspektive!

Wir bieten seit 1999 regelmäßige Führungen durch unterirdische Bauwerke an. Verkehrsgünstig gelegen, haben wir an verschiedenen Orten in der Stadt mehrere Touren für Sie zusammengestellt, die durch geheimnisumwitterte und lange Zeit in Vergessenheit geratene Bunker- und Verkehrsanlagen des Berliner Untergrunds führen. Herzlich willkommen in der Berliner Unterwelt!

Generell wird bei allen Touren die Mitnahme wärmender Kleidung (z. B. Pullover) empfohlen, da es in den unterirdischen Anlagen auch in den heißen Sommermonaten recht kühl bleibt. Die Führungen sind in verschiedenen Sprachen verfügbar.

Startort abhängig von der gewählten Tour

Info-Telefon: (030) 499 105-18

Batman Live

Der erfolgreichste Comic-Held aller Zeiten, Batman, steht im Mittelpunkt einer gigantischen Arena-Produktion, die den Zuschauer ganz in den Bann eines aktions- und spannungsgeladenen Geschehens zieht.
Batman Live ist furioses, magisches und vollkommen neues Entertainment, das Bühnenillusionen, Spezialeffekte, tollkühne Akrobatik und atemberaubende Stunts zu einem dreidimensionalen Live-Erlebnis verbindet.

Batman Live, in Szene gesetzt nach Hauptmotiven der Originalvorlagen, präsentiert den Superhelden und seinen wichtigsten Gefährten sowie erbitterte Gegenspieler in ihrer ganz eigenen Welt. Noch niemals zuvor wurden Gotham City, die Bathöhle und das Arkham Asylum in einer visuell so atemberaubenden Weise zum Leben erweckt.

1. Adapted from: T-Hall Kletteranlagen GmbH Berlin, URL: http://www.diekletterhalle.de/
2. Adapted from: Berliner Unterwelten e.V. URL: http://berliner-unterwelten.de/fuehrungen.3.0.html
3. Adapted from: CTS EVENTIM AG, URL: http://www.eventim.de/batman-live.html?affiliate=TUG&doc =artistPages/overview&fun=artist&action=overview&kuid=455696

Writing Part 3: Two Tickets

As a present for your birthday your parents want to give you two tickets for an event. You would like to go there with your Irish friend who is coming to visit you for a week.

- Read the three texts.
- Choose **two** events/activities.
- Write an e-mail to your friend telling him/her about the two events/activities you have chosen.
- For each one of them say what kind of event/activity it is and mention at least two more aspects that are important.
- **Do not translate word for word**, just give the main information used in these texts.
- Write complete sentences and use correct English.

To: ________________@hotmail.com

Ref: Let's go out

Hey ____________________,

I've just got a super birthday present – two tickets for an event of my choice. And that's something that we could do together when you are here. Here are the two events I find most interesting.

____

____

____

____

____

Which of the two would you like to go to? Tell me what you think.

☺ ____________________

Inhalt:	/ 6 P	Sprache:	/ 4 P	Gesamt:	/ 10 P

Lösungsvorschläge

Listening Part 1: Voicemail Messages

Message One

Hey Emily, it's me – Nora. Looks like it's not going to rain tomorrow after all, so our class barbecue can go ahead as planned. And thank heavens for that. Grilled meat is so much better than cold sandwiches! We've got to set up that big grill, so let's meet Larry and Joe in front of the cafeteria at 5 o'clock instead of 6, OK? I've already got 3 bags of coal and the boys are bringing steaks for the 4 of us. So why don't you bring some sausages? Call back if you want. Bye!

1. C
   Hinweis: *"... let's meet ... at 5 o'clock ..." (Z. 4)*

2. C
   Hinweis: *"So why don't you bring some sausages?" (Z. 5/6)*

Message Two

Hey Mark, Sam here. Hope you're feeling better and haven't spent the whole afternoon learning for that Math test tomorrow. I just wanted to let you know that Ms Stewart is ill and won't be in tomorrow. So instead of a double period of Math, we'll have Geography with Ms Lambert for the first period, then Chemistry with grumpy old Dr Chisolm. But, thank God, after that we'll have a double period of Art with that cute new teacher Mr Richy, which will save my day! See ya!

3. B
   Hinweis: *"... Geography ... for the first period, then Chemistry ... after that we'll have a double period of Art ..." (Z. 4–6)*

4. B
   Hinweis: *"... a double period of Art with that cute new teacher Mr Richy, which will save my day!" (Z. 5/6)*

Listening Part 2: Radio Ads

Ad 1: Diving Buddy School

(heavy breathing) Buddy Dive Course is the beginning of your way in scuba diving education. During the training you'll get a basic knowledge in scuba diving skills, which after receiving a certificate allow you to independently plan and perform dives with a partner. Almost immediately after signing up for the course, you'll be able to perform your first scuba dive. The PADI Dive Education System will ensure you'll get a full-founded knowledge and skills before receiving a certificate. Five lectures, five confined water classes and four open-water dives. To enroll you must be over 15 years old and able to swim 200 meters without fence or 300 meters in the fence. After obtaining the certificate of open-water diver, you'll be able to use various diving centers. Sign up today and join us at the party ... *(completely out of breath, breathing in heavily, then breathing very quickly)*

http://adsoftheworld.com/media/radio/buddy_diving_school_breath [17. 08. 2011]

5. B
 Hinweis: *"Buddy Dive Course is the beginning of your way in scuba diving education. During the training you'll get a basic knowledge in scuba diving skills ..." (Z. 1–3); "Sign up today and join us at the party ..." (Z. 10/11)*

Ad 2: Nebraska Cat

You may have heard about our recent promotion where every student who sold back text books received a ... cat. We apologize! In particular to Sean Nelson, whose face may never look the same. And to all those who witnessed the litter incident, well, nobody should have to smell that. Instead: Thanks to our nation-wide buy-back program, we'll go back to offering the most cash for your used books, guaranteed ... as soon as we replace the carpet. *(meow)*
Only Nebraska Book Store, 1300 Q Street. For students who like money.

Archrival USA

6. C
 Hinweis: *"Thanks to our nation-wide buy-back program, we'll go back to offering the most cash for your used books ..." (Z. 4–6)*

Ad 3: Time Machine

SPEAKER 1: Joe, it's a time machine, just press a button and you'll go back in time.
SPEAKER 2: No way!
SPEAKER 1: Joe, it's a time machine, just press a button and you'll go back in time.
SPEAKER 2: No way!

SPEAKER 1: Joe, it's a time machine, just press a button and you'll go back in time.
SPEAKER 2: No way!
SPEAKER 1: Joe, it's a time machine, just press a button and you'll go back in time.
SPEAKER 2: No way!
SPEAKER 1: Joe, it's a time machine, just press a button and you'll go back in time.
SPEAKER 2: No way!
SPEAKER 3: Is it science or science fiction? Come find out at the expo for young scientist national files. University of Pretoria Sports Centre. Friday 3 October, 3–5 pm and Saturday 4 October, 8–12 am. Visit exposcience.co.za for more information.

http://adsoftheworld.com/media/radio/eskom_young_scientists_expo_time_machine [17. 08. 2011]

7. A

   Hinweis: *"Come find out at the expo for young scientist national files. University of Pretoria ..." (Z. 11/12)*

Ad 4: Flu Bug

ANNOUNCER: Welcome to Flu Bug University. We now join Professor Green's Influenza Germ 101 class.
PROFESSOR: Attention! What are the best ways to spread the flu?
FLU BUG: Make sure people sneeze in their hands and forget to wash them!
PROFESSOR: Excellent!
FLU BUG: Get people to go to work and to school when they're SICK!
PROFESSOR: Perfect!
FLU BUG: Keep people from getting flu shots!
PROFESSOR: RIGHT! If people do that, those things will kill us flu bugs for sure!
ANNOUNCER: This flu season, don't let the flu bug you.
Brought to you by the Kansas Department of Health and Environment.

Kansas Department of Health and Environment, URL: http://www.kdheks.gov/flu/FluBugU.htm

8. C

   Hinweis: *"This flu season, don't let the flu bug you." (Z. 10)*
   Everything the Flu Bug says is ironic, which means it is just the opposite of what you should do to protect yourself.

Listening Part 3: The Globe Theatre

"For never was a story of more woe
Than this of Juliet and her Romeo."
(Thunderous applause ...)

GUIDE: With these final words from William Shakespeare's tragic love story "Romeo and Juliet" I would like to welcome you to London's new Globe Theatre. The plays of Britain's most famous author William Shakespeare are known and performed all over the world, from Munich to Mumbai, from Tokyo to Toronto.

The building you are in now is not Shakespeare's original Globe Theatre, which was torn down more than 350 years ago. How terrible that must have been for people at a time when going to the theatre was as popular as going to the cinema today. In those days everybody – rich and poor, young and old – went to the theatre to enjoy themselves. When in 1989 the decision was made to rebuild the old Globe Theatre, the builders wanted it to look exactly like Shakespeare's original. It took eight years before the new Globe could be officially opened by Queen Elizabeth II in 1997.

The area directly in front of the stage where you are standing was the cheapest part of the theatre where people only had to pay one penny. But as you can see there are no seats here, so to watch a play these so-called groundlings had to stand on the ground for more than three hours. Sometimes there were up to 500 people crowded into this central area and on hot summer days these "groundlings" were also called "stinkards", for obvious reasons.

But if you wanted to get away from the smell and be a bit more comfortable, you paid two pennies to sit in the covered galleries all along the back of the theatre. Rich aristocrats would often pay a lot more to have a chair on the side of the Globe stage itself.

In Shakespeare's day the audiences did not behave in the same way as an audience would in a theatre today. During the performance they would eat, drink, talk and laugh. Aristocrats who sat at the side of the stage were often heard discussing the play or making comments about other people in the theatre. Although the audience would often clap and cheer, the groundlings would also boo, hiss and throw things at the actors if they did not like what they were watching. But sometimes members of the audience would forget that what they saw on stage was not real like young Molly Putnam when she was watching a new play called "Romeo and Juliet":

MOLLY: It's the most romantic play I've ever seen *(she sighs)* – handsome Romeo – now secretly married to his beautiful Juliet ...

(excited) But wait, wait a minute. Romeo, what are you doing with that bottle? Put it down! Don't drink that poison! Juliet's not dead, she's only sleeping! *(Molly starts sobbing, then sounds of sobbing of other people fade in).*

OTHER VOICES: He's dying! / Oh, why didn't you listen? …

GUIDE: Young Molly was so excited that she even forgot that the role of Juliet was being played by a man. In those days women were not allowed to act on stage, so all female roles were performed by young men in women's clothes. If we walk up the side stairs onto the Globe stage itself, you will get an idea of what it must have felt like for an actor looking down on all those faces … Let's listen to what Henry Condell, one of Shakespeare's main actors, has to say about the groundlings:

HENRY: The groundlings? Ha! They can really get out of control sometimes. Once when I was playing evil King Richard III, someone shouted, 'Down with the king! Off with his head!' Others joined in by throwing rotten tomatoes and cabbages at me. Some of them even started climbing up onto the stage, but when my "soldiers" pointed their swords at them, they backed down. Having to act in front of groundlings is not easy. But still, they bring in money and we need all we can get. We have to perform a play at least three times to pay for everything. The first day pays for theatre expenses, especially costumes. With the money from the second day, we actors get paid and only on the third day does Shakespeare finally earn something for the play he has written.

GUIDE: Yes, life was not easy for actors in those days. But Londoners loved their theatre and with all the beautiful costumes and wonderful special effects it was never boring. Special effects? Sure! They fired a real cannon, used real (sheep's) blood and had real corpses *(fading out)* hanging from the rafters …

Based on:
1. Shakespeare Resource Center at www.bardweb.net/globe.html.
2. Mabillard, Amanda: The Globe. Shakespeare Online. 20. 08. 2000. www.shakespeare-online.com/theatre/globe.html
3. www.globe-theatre.org.uk
4. www.elizabethan-era.org.uk/elizabethan-theatre-audiences.htm [August 17, 2011]

9. Yes

   Hinweis: *"… at a time when going to the theatre was as popular as going to the cinema today." (Z. 11/12)*

10. No

    Hinweis: *"When in 1989 the decision was made to rebuild the old Globe Theatre …" (Z. 13/14)*

11. Yes

    Hinweis: *"… to watch a play these so-called groundlings had to stand on the ground for more than three hours." (Z. 19/20)*

12. Yes
    Hinweis: *"… on hot summer days these 'groundlings' were also called 'stinkards', for obvious reasons." (Z. 21/22)*

13. No
    Hinweis: *"During the performance they would eat, drink …" (Z. 28)*

14. Yes
    Hinweis: *"Although the audience would often clap and cheer, the groundlings would also boo, hiss and throw things at the actors …" (Z. 30–32)*

15. Yes
    Hinweis: *"But sometimes members of the audience would forget that what they saw on stage was not real like young Molly Putnam …" (Z. 33/34)*
    "Put it down! Don't drink that poison! Juliet's not dead, she's only sleeping!" (Z. 39)

16. Yes
    Hinweis: *"… Juliet was being played by a man. In those days women were not allowed to act on stage, so all female roles were performed by young men in women's clothes." (Z. 42–44)*

17. Yes
    Hinweis: *"Having to act in front of groundlings is not easy." (Z. 53/54)*

18. No
    Hinweis: *"… on the third day does Shakespeare finally earn something for the play he has written." (Z. 57–59)*

Listening Part 4: Extreme Sports

PRESENTER: Welcome to *Talk of the Time* with your host Alison Freeman. Today our topic is extreme sports. Though traditional sports like football and hockey aren't going out of style, the world of extreme sports is growing fast. Years ago everyone was talking about bungee jumping. These days an extreme sport called BASE jumping is in the headlines. To tell us more about this extreme sport we have invited Greg Moore, a BASE jumper from Chicago. Welcome Greg.

GREG: Great to be here, Alison.

PRESENTER: And we have Adam Sweeney, a rescuer, who has risked his own life on many occasions to save the lives of other people.

ADAM: Hello, good afternoon.

PRESENTER: Then we also have Marietta Collins, a sports psychologist, who will give us some insight into one of the world's most dangerous sports.

MARIETTA: Pleased to be here.

PRESENTER: Greg, would you tell our listeners what BASE jumping is?

GREG: Well, the word BASE – B-A-S-E – stands for Building, Antennae, Span, Earth. These are the objects that people jump from. BASE jumpers will jump with a parachute off any tall building, bridge or cliff and they've even jumped from the Eiffel Tower and the Empire State Building.

PRESENTER: Unbelievable! Obviously for BASE jumpers jumping out of a plane and falling at a speed of over 100 mph is not exciting enough. I guess you have to make freefalling more interesting by jumping from a very low height, which gives you only a few seconds to open the parachute, and hardly any time at all to deal with any problems. But the numbers speak for themselves: There is one death for every sixty jumps. Don't you consider that extremely dangerous?

GREG: Yes, it is really dangerous if you're not extremely fit and well-trained in skydiving.

PRESENTER: But if it's so dangerous, why do you do it?

GREG: It's fun! … And the high element of risk makes me feel really great, makes me feel alive! I'm also in it for challenge; I want to test how far I can go. Sometimes I get scared, but that just makes me fight more to overcome my fears.

PRESENTER: Marietta, as a sports psychologist, can you tell us why extreme sportsmen and -women enjoy putting themselves in such danger?

MARIETTA: Well, as Greg says, they do it to get a thrill, to feel alive. It's all about adrenaline. You see, in a dangerous situation, adrenaline gets into the blood system, the heart starts to pump harder, the blood pressure rises. The body is preparing the muscles to fight or to run away, a response known as fight-or-flight. But when a person knows he's not in danger – is NOT being chased by a Rottweiler or a hungry lion – this fluttery feeling can be fun and exciting. That's why this adrenaline rush is seen as a very positive part of the extreme sport experience.

PRESENTER: But things can also go very wrong for the BASE jumper … a change in the weather, the parachute doesn't open … That's when other people – rescuers, like Adam – have to be called in. Adam, what in the world attracted you to the job of being a rescuer in the first place?

ADAM: Well, I'm an outdoor person and I like the challenge of being able to save people's lives. That's why I became a member of SR – the Search and Rescue team. I love the constant training we do; it keeps me fit. And in times of stress I can keep a clear head, which is of absolute importance in extreme situations. Sure, the job is risky, but a monotonous 9-to-5 office job would kill me.

PRESENTER: And how far are you willing to go to risk your own life for others?

ADAM: There is always a certain amount of pressure on us to do everything possible to rescue someone in trouble. I'd help rescue anyone anywhere, but I must say I have absolutely no sympathy for extreme sportsmen who not only endanger their own lives, but also ours and the lives of other innocent people. I don't think BASE jumping is a sport at all. It's a high risk activity, and can cause DEATH.

GREG: Hmpf … maybe we should just wrap ourselves up in plastic bubble packaging for the rest of our lives. Then we'd all be safe from falling and injuring ourselves.

MARIETTA: Well, in a way Greg, you and Adam are quite similar!

ADAM/GREG: No way!

MARIETTA: Both of you are risk takers. You, Adam, are what we call a pro-social risk taker, someone who helps other people in dangerous situations, like a fireman or a policeman. And you, Greg, belong to the group we call ludic risk takers, people who take risks just for fun.

ADAM: Okay, but the question is: Where does the fun end? What really makes me angry is how some people in the BASE jumping subculture can be so cold and cynical. They've got no respect for other jumpers and they don't respect the rescue team either. I've seen some of them continue their jump while injured jumpers are being carried away!

GREG: It's guys like that who have given us a bad name and fill the papers with these horror stories …

PRESENTER: And that will be our topic after a short break "How BASE jumping is presented in the media" …

Based on: One giant leap as a base jumper hurtles himself off the world's tallest building. In: Daily Mail, 13 Dec 2007; Kyanna Sutton: Kids and Extreme Sports. In: familyeducation [15.09.2011].

19. B

    Hinweis: *… the word BASE – B-A-S-E – stands for Building, Antennae, Span, Earth. These are the objects that people jump from." (Z. 16/17)*

20. B

    Hinweis: *"… more interesting by jumping from a very low height, which gives you only a few seconds to open the parachute, and hardly any time at all to deal with any problems." (Z. 22–24)*

21. C

    Hinweis: *"I want to test how far I can go." (Z. 31)*

22. A

    Hinweis: *"It's all about adrenaline … The body is preparing the muscles to fight or to run away, a response known as fight-or-flight." (Z. 35–39)*

23. C

    Hinweis: *"… I like the challenge of being able to save people's lives." (Z. 47/48) "I love the constant training we do; it keeps me fit. And in times of stress I can keep a clear head …" (Z. 49/50)*

24. A
*✎ **Hinweis:** "… who not only endanger their own lives, but also ours and the lives of other innocent people." (Z. 55–57)*

25. A
*✎ **Hinweis:** "Both of you are risk takers. You, Adam, are what we call a pro-social risk taker, someone who helps other people in dangerous situations … And you, Greg, belong to the group we call ludic risk takers, people who take risks just for fun." (Z. 64–67)*

Reading Part 1: Short Texts

1. B
*✎ **Hinweis:** "I need three models …"*

2. A
*✎ **Hinweis:** "… just by shoplifting from this store."*
Hier musst du den Text besonders genau lesen und darfst dich nicht von dem Polizeiauto in die Irre führen lassen. Der Text ist ironisch gemeint: Natürlich kann man die Fahrt im Polizeiauto nicht wirklich gewinnen, sondern man wird von der Polizei mitgenommen, wenn man einen Ladendiebstahl begeht.

3. D
*✎ **Hinweis:** "All persons entering the court will be searched."*

4. B
*✎ **Hinweis:** "… open casting call for high school dropouts for a new reality show."*

5. B
*✎ **Hinweis:** "Collect 6 stamps and get £3 off your next ticket."*

Reading Part 2: Activities in Edinburgh

6./7. E, G
✎ Hinweis: Eiji Fujimura: "… enjoys going to events that celebrate Japanese arts."
→ Activity E: "… celebrates the vibrant and diverse cultures of Asia with the finest artists …"
Eiji Fujimura: "… a big fan of the Royal Family and would like to see how they used to travel when they were at sea."
→ Activity G: "Royal Yacht Britannia … was home to Her Majesty The Queen and the Royal Family."

8./9. C, D

Hinweis: Deirdre and Brenda: "... still young at heart and they like events for and/or about children and young people. They hope to find a museum that does not cost anything."
→ Activity C: "The Museum of Childhood"; "Admission is free ..."
Deirdre and Brenda: "... to spend some time in a trendy area of the city and go for a drink."
→ Activity D: "... partygoers who flock to the area's many stylish bars."

10./11. A, D

Hinweis: Heidi K. Lumm: "She prefers a guide to tell her interesting things."
→ Activity A: "A complimentary guided tour of the castle ..."
Heidi K. Lumm: "... interested in fashion ... would like to find the part of the city where she can check out the latest trends."
→ Activity D: "From fashionista's favourite Harvey Nichols and designer shops ..."

12./13. E, F

Hinweis: Russel Perry: "... very interested in the arts, especially in classical music."
→ Activity E: "... the very best in international opera, music ..."
Russel Perry: "... would like to have some peace and quiet and enjoy nature when he is away."
→ Activity F: "Refresh your senses and explore the riches of the green kingdom ..."

14./15. A, B

Hinweis: McBergers: "... would like to learn something about the history of Edinburgh."
→ Activity A: "Experienced guides with a great knowledge of Edinburgh's past look forward to sharing their stories with you."
McBergers: "... interested in astronomy and science, they would like to go to an exhibition or a museum ..."
→ Activity B: "Our Dynamic Earth takes you on a journey through our planet's past, present and future, with interactive exhibits and impressive technology ..."

Reading Part 3: Learning from a Scary Guy

16. B
Hinweis: "... thinking he is ... a potentially dangerous person. All of this is based on the way he looks." (Z. 5/6)

17. A
Hinweis: "... before that he was a computer salesman." (Z. 8)

18. B
Hinweis: "... as a reflection of his life ... reflect events he has experienced ..." (Z. 11/12)

19. A
Hinweis: "The change came for him in 1998 ..." (Z. 14/15)

20. B
Hinweis: "... teaches that people need to understand that hateful speech says more about the speaker than about the person it is directed at." (Z. 22–24)

21. A
Hinweis: "The middle school students were not attracted by his presentation because he is a nice guy with a good message, but they were blown away by his image and his message combined." (Z. 30–32)

22. C
Hinweis: "His message is equivalent with what we're trying to coach in our school ..." (Z. 36/37)

23. C
Hinweis: "... Scary Guy's program was a success. 'I was astounded at the interest by our entire student body,' Earley says." (Z. 39/40)

24. A
Hinweis: "... the middle school will make Scary Guy's message part of their teaching program." (Z. 48/49)

25. C
Hinweis: "Scary Guy knows exactly how people are judging him, thinking he is ... a potentially dangerous person. All of this is based on the way he looks. But by the end of his presentation, they are lining up to give him hugs." (Z. 4–7)

Writing Part 1: International Work Camp

1. *Name:* eigener Name
   Age: eigenes Alter
   Sex: male/female
2. z. B. teaching children/helping people
3. z. B. German, English
   Hinweis: *Die Sprachen müssen großgeschrieben werden, sonst gibt es keinen Punkt.*
4. z. B. meeting friends/bungee jumping
5. z. B. Spain/France

Writing Part 2: Social Networks

Hi Gloria,

I know exactly what you mean. My boyfriend used to spend all evening chatting online, I'd say at least 5 hours a night. I like social networks as much as everyone else. It's great for finding out what my friends are up to and when there is a party etc. But my boyfriend spent all his free time online. So I got fed up and gave him an ultimatum: I told him he had to spend 3 hours every evening doing something with me instead of going online, or else I would leave him. So now we go out more often or we just stay home and play games. And both of us are much happier.
If your boyfriend would rather chat with strangers than spend time with you, you should find a boyfriend who really wants to be with you.

Good luck and best wishes,
(your name)

Writing Part 3: Two Tickets

Hinweis: *Nur zwei der drei als Lösungsbeispiel gegebenen Aktivitäten müssen beschrieben werden.*

Hey Stephanie,
I've just got a super birthday present – two tickets for an event of my choice. And that's something that we could do together when you are here. Here are the two events I find most interesting.
The first activity is climbing. There is a climbing hall with climbing walls that are 7 to 12 metres high and with more than 200 different routes, both for beginners (like me) and more experienced people (like you). They also have a cafete-

ria, a sauna and a weight room, so if I don't get the hang of climbing, I can still entertain myself.
Alternatively, we could explore Berlin's underground on an official tour. We could see bunkers, transportation lines and many secret, forgotten places. It sounds really exciting and spooky! But if we decide to do that, you'd better bring a sweater, because it's always rather chilly underground!
A third option which might be interesting is to meet Batman. I know it sounds silly but I used to love him as a child and this multimedia event is said to be a new form of entertainment. It has special effects, acrobatics and stunts.
Which of the two would you like to go to? Tell me what you think.

Best wishes,
(your name)

Listening Part 1: Recorded Messages

- You are going to hear two recorded messages.
- You will hear the recording twice.
- There are four questions in this part, two questions for each message.
- Look at the pictures and then listen to the recording.
- Choose the correct picture and put a tick (✓) in the right box.

Message One

1. On which day can you see "The Lion King" in the afternoon?

A ☐	B ☐	C ☐	D ☐

2. How much is the cheapest ticket for "The Lion King"?

A ☐	B ☐	C ☐	D ☐

Message Two

3. Which floor plan shows where the library is?

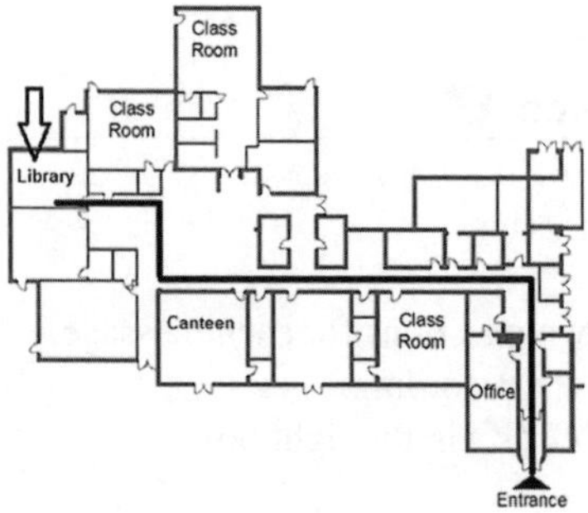

A ☐

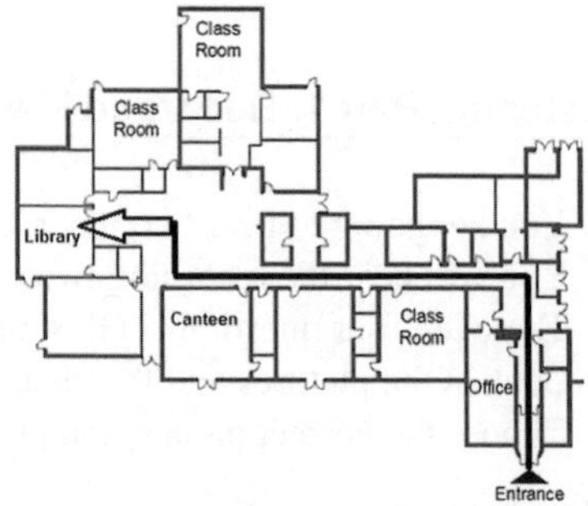

B ☐

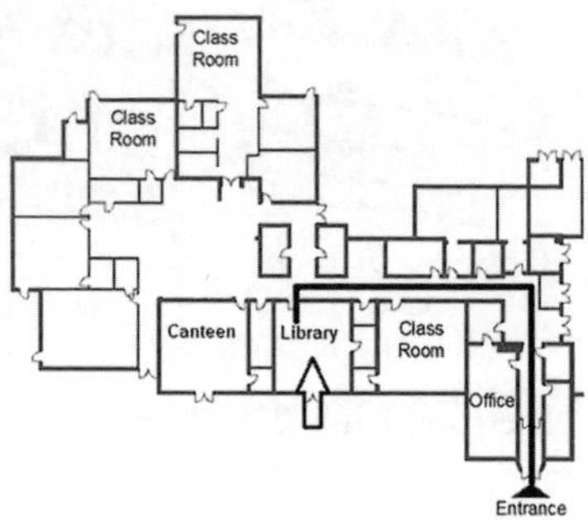

C ☐

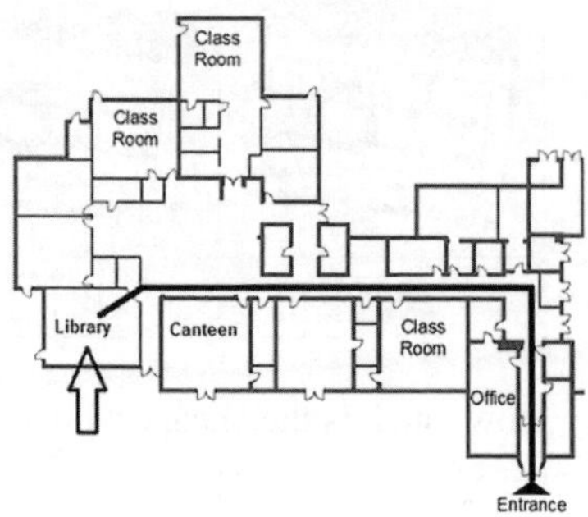

D ☐

4. What should Carol bring to the library?

A ☐

B ☐

C ☐

D ☐

Listening Part 2: Radio Ads

Please note: You do not need to understand every word to do this task.

- You are going to listen to four radio ads.
- You will hear the recording twice.
- Read the slogans below first, then listen to the recording.
- For each ad choose the correct slogan from the list (A–F) and put a tick (✓) in the right box.
- There is only one correct slogan for each ad.
- Two slogans can't be matched.

A Don't be a fool – have breakfast at school.
B Save the trees – collect old newspapers.
C Keep your seat belt fastened.
D Reading the newspaper will help you to get better marks.
E Move your body – it's healthy and fun.
F Buy from companies that don't experiment on animals.

		Slogan					
	Radio Ads	**A**	**B**	**C**	**D**	**E**	**F**
5.	Radio Ad 1						
6.	Radio Ad 2						
7.	Radio Ad 3						
8.	Radio Ad 4						

Listening Part 3: Unusual Hobbies

- You are going to hear three people talking about their unusual hobbies.
- You will hear the recording twice.
- Complete the table below using 1 to 5 words or numbers.

	What they do	**Where they do it** (Name one)	**Why they do it** (Name one)	**People's reactions** (Name one)
Cosplay 	*dress up in costumes*	9.	10.	11.
Guerilla Gardening 	*secret gardening*	12.	13.	14.
Extreme Ironing 	*combine ironing with extreme sport*	15.	16.	17.

✶ Listening Part 4: Dumpster Diving

- You are going to hear a radio show about Dumpster Diving.
- There are four people in the show: Sarah Parker (the presenter), Emily Dunne, Jeremy Williams and Alf Blake.
- You will hear the recording twice.
- Read the statements below first, then listen to the recording.
- Put a tick (✓) in the box next to the correct statement.
- Only one statement is correct in each case.

18. This talk show is about …
    - A ☐ a new Australian food chain.
    - B ☐ the shopping habits of young people.
    - C ☐ ways of dealing with waste.

19. Alf Blake started dumpster diving because …
    - A ☐ he liked the excitement.
    - B ☐ other students were doing it.
    - C ☐ he did not have enough money.

20. Alf recommends only eating food …
    - A ☐ which looks and smells fresh.
    - B ☐ which tastes good.
    - C ☐ before the sell-by date.

21. According to Jeremy, supermarkets remove food because …
    - A ☐ they need space on the shelves.
    - B ☐ it is nearing its sell-by date.
    - C ☐ both A + B

22. Emily Dunne points out that throwing away food …
    - A ☐ is a waste of resources.
    - B ☐ was also common in the past.
    - C ☐ both A + B

23. Emily says that dumpster diving helps to …
   A ☐ reduce environmental problems.
   B ☐ fight child labour in poor countries.
   C ☐ improve the quality of our food.

24. A lot of supermarket owners …
   A ☐ offer cooking courses to their customers.
   B ☐ avoid throwing away their leftover food.
   C ☐ give money to the poor.

25. In Europe, dumpster divers are usually not arrested because …
   A ☐ the legal situation is not clear.
   B ☐ the police have more serious problems to deal with.
   C ☐ both A + B

Listening: Candidate Answer Sheet Name: ____________________

For students: Put a tick (✓) in the correct box.

Part 1: Recorded Messages

Number	A	B	C	D
1				
2				
3				
4				

/ 4 P

Part 2: Radio Ads

Number	Ads	Slogan					
5	Radio Ad 1	A	B	C	D	E	F
6	Radio Ad 2						
7	Radio Ad 3						
8	Radio Ad 4						

/ 4 P

Part 3: Unusual Hobbies

Die Ergebnisse müssen nicht übertragen werden.

/ 9 P

✶ Part 4: Dumpster Diving

Number	A	B	C
18			
19			
20			
21			
22			
23			
24			
25			

/ 8 P

/ 25 P

Reading Part 1: Short Texts

- Look at the text and the statements in each task.
- What does the text say?
- Put a tick (✓) next to the statement that matches the text – **A**, **B**, **C** or **D**.
- There is only one correct statement for each sign.

1.

This sign can be found:

A ☐ in a flower shop

B ☐ in a public park

C ☐ on a golf course

D ☐ in a private garden

2.

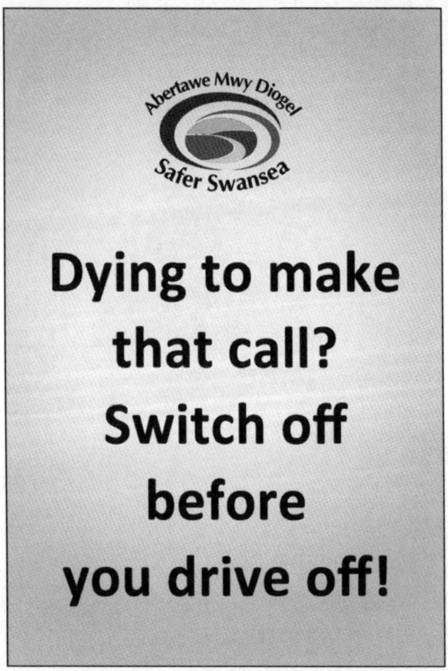

A ☐ Don't drink and drive.

B ☐ Remember to turn off the lights.

C ☐ Don't use your phone while driving.

D ☐ Take a break when you are tired.

*Quellennachweis: 2. © City and County of Swansea; 4. The Briarwood Clinic; 5. Matthew Young; 6. * Aus urheberrechtlichen Gründen musste der Originaltext der Prüfung abgeändert werden.*

3. 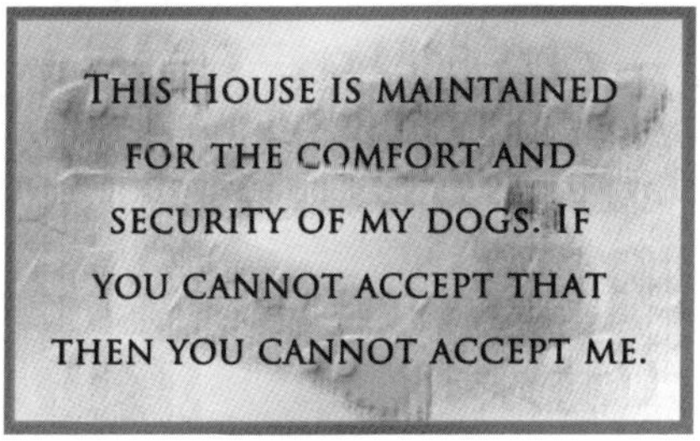

A ☐ The owner does not want dogs near the house.

B ☐ The owner's dogs are important for him/her.

C ☐ A security service monitors the house.

D ☐ Only visitors with dogs are allowed inside the house.

4. 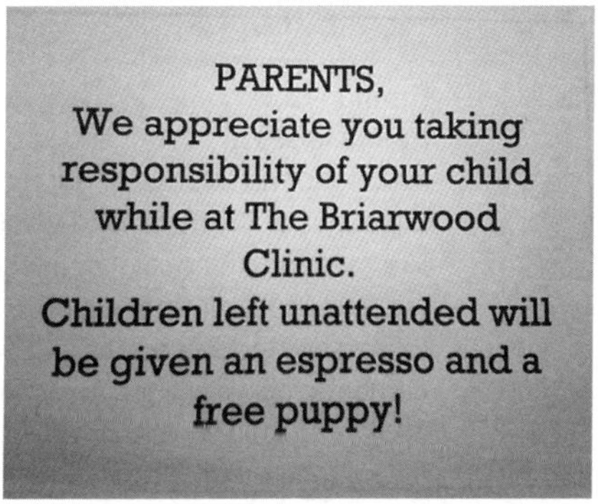

A ☐ Look after your children.

B ☐ Enjoy a free coffee.

C ☐ Here you can get a new toy for your child.

D ☐ In this hospital children get free medical help.

5. 

A ☐ Make sure your car cannot be stolen.

B ☐ Buy your car from a used-car dealer.

C ☐ Don't forget to turn on your lights.

D ☐ Don't park your car on the street at night.

6. 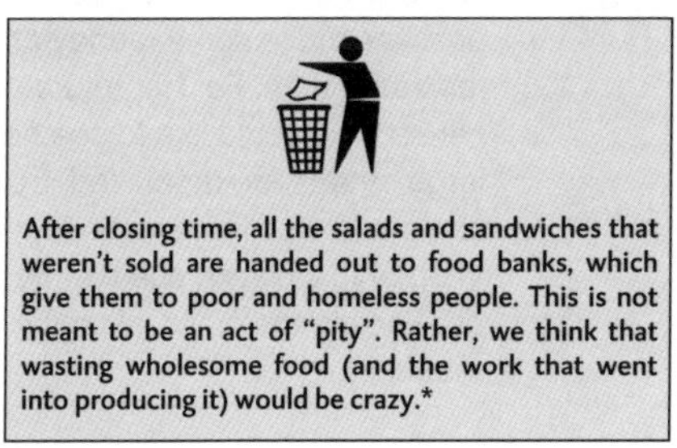

The motto of this shop is:

A ☐ Don't throw leftover food away.

B ☐ Salad is good for you.

C ☐ Give money to the homeless.

D ☐ Keep the environment clean.

Reading Part 2: Internships

- These people (a–e) are looking for an internship.
- First read the information about the people, then look at the job offers (A–G) on the next page.
- In each case (a–e) find **two** jobs each person could apply for. Write the correct letters in the boxes next to the people's names.
- Some of the internships can be chosen more than once.

No.	Choice 1	Choice 2	Applicants	
7/8				a) **Emma** (16) Emma is still at school and is looking for an internship during the summer holidays. She would like to do an internship in dress-making and fashion since she loves sewing. She hopes she can combine this with a trip to America. If it doesn't work out, she can also imagine doing an internship in a restaurant. Personality: friendly; responsible; outgoing Likes: meeting new people; environmental projects Dislikes: office work; working on the computer
9/10				b) **Eun** (21) Eun is studying communication management. She would like to use her summer holidays to gain some work experience and if possible make some money at the same time. For her future career she would like to see how large events are organized. But she could also imagine finding an internship in which she can use her knowledge of visual digital media.

				Personality: friendly; good sense of humour Likes: travel; languages Dislikes: sports
11/12				c) **Dave** (16) Dave is a secondary school student. He would like to get a job in the hotel/restaurant business during the summer holidays because he has already gained some experience in this field. So he already knows how to deal with customers. On the other hand, he can also imagine working with kids because he loves playing with his younger brothers and sisters. Personality: lively; practical; outgoing Likes: sports; fitness; communicating; being outdoors Dislikes: working by himself/alone
13/14				d) **James** (24) James is studying PE (physical education). He would like an internship in a sports centre where he can teach others or give classes preferably to adults. He would also consider working in an office environment as he thinks this experience would help him later if he decided to set up his own studio. If possible, he would like a job where he can take over some responsibility. Personality: confident; good sense of humour Likes: fashion; multitasking; sports; computers Dislikes: couch potatoes

15/16				e) **Mick** (16) Mick doesn't know what he will do after finishing school. He would like to work with children who have special needs and would enjoy organizing trips for them. Alternatively, he would like to gain more experience in digital formatting. He has already created short clips for his friends' websites and helps them when they want to work on their digital photos. Personality: friendly; reliable; outgoing Likes: computers; sports; young children Dislikes: office work

A) **Waiter/Waitress**

Host company profile: Hotel in Dublin City Centre
Responsibilities: Hosting and welcoming guests, serving food and beverages, collaborating with the manager, the kitchen and restaurant staff
Profile: Be dynamic and organized
Payment: Free meals
→ Four to six-week internships are possible between May and August.

B) **Assistant Coach**

Host company profile: Dublin Athletic Club. We coach and train disabled children up to the age of 12.
Responsibilities: To coach boys and girls with disabilities, help to set up programmes for fitness classes, help organize and carry out outdoor activities such as camping trips, help to clean and maintain the football pitch.
Profile: MUST love kids and sports, be less than 18 years of age and have excellent communication skills
Payment: None
→ The internship is immediately available and is full-time for 3 months.

C) **Fitness Trainer**

Host company profile: Dublin's finest health and fitness club
Responsibilities: Train and advise clients and help to organize fitness courses with the manager
Profile: Must be studying medicine or sports and have good communication and organization skills
Payment: Free monthly transport pass
→ The internship is immediately available (min 2–3 months).

D) **Video Animation and Photography Assistant**

Host company profile: This Dublin company provides Internet websites with images and movies.
Responsibilities: Editing and creating videos, assisting with photo retouch and correcting pictures responding to customer expectations
Profile: Must be creative, a good team player with a strong interest in multimedia and a good understanding of photography and video production
Payment: € 100 per week
→ The internship is available now for three months minimum.

E) **Event Management Assistant**

Host company profile: We deal with the general organisation of events. We are specialised in London and the UK but also coordinate festivals and tradeshows all over the world.
Responsibilities: Selling tickets, office administration, helping to set up an event
Profile: Must be a student in management, business or event and be between 21–25 years of age. Must have excellent use of spoken and written English and good use of standard computer applications
Payment: None. There is a huge possibility of interns becoming employees at our company.
→ The internship is immediately available and will last at least 4 weeks

F) **Front Desk Intern for Gochi Fashion**

Host company profile: The leading fashion company, Gochi, is seeking a candidate for an office internship.
Responsibilities: Take incoming phone calls and perform data entry as needed. Do standard office work and be able to handle many different projects
Profile: Good use of standard computer applications, must be able to work independently, must have strong communication skills and be able to work under a deadline
Payment: None. There is a huge possibility of interns becoming employees at our company depending on the quality of work that they do for us.
→ The internship is immediately available and will last at least 4 weeks.

G) **Fashion Design Internship Opportunity**

Host company profile: A company in San Francisco, California that makes products out of recycled clothes

Responsibilities: Designing new products e. g. bags, soft toys

Profile: Have excellent communication skills, be able to complete tasks from start to finish, have a can-do attitude

Payment: There is a huge possibility of interns becoming employees at our company.

→ The internship is immediately available and will last from June to August.

✶ Reading Part 3: Real-life Superheroes Patrol City Streets

- Read the text and the statements on the opposite page.
- Put a tick (✓) in the box next to the correct answer.
- Only one answer is correct in each case.

They patrol neighborhoods at night, but their identities are a secret. Many have full-time jobs and families. They're real-life superheroes who take the law into their own hands, just like comic book heroes. Your next-door neighbor could be one.

They're viewed as a welcome presence in communities where people need all the help they can get – or as reckless criminals who hinder police and put themselves and others at risk.

The latest additions to the group were three teens dressed as Batman and the Flash. The Royal Canadian Mounted Police warned the young superheroes – two are 17 and the third is 18 – for taking matters into their own hands. All three still live at home with their parents. By real-life superhero standards, they were amateurs, dressing as existing superheroes.

The hundreds of veterans have created their own personas. There's Thanatos in Vancouver, who's been patrolling the streets for four years dressed in a green-and-black mask, wide-brimmed hat and a black trench coat, handing out water, food and blankets to the city's homeless. In Iqaluit, a masked man known as Polarman has patrolled the streets for about a decade, keeping an eye out for vandals. And there's New York City's Dark Guardian – martial arts teacher Chris Pollak – whose specialty is creeping up to drug dealers in parks and yelling "This is a drug-free park!" while shining a light at them.

Michael Barnett, director of the documentary *Superheroes*, spent 17 months following and filming about 50 self-styled superheroes after discovering the movement online. Every "superhero" has their own story and these stories show that their motivations vary.

Some, like the Watchman, have a love of superheroes. The Wisconsin man puts on a mask to feed the homeless and has run successful toy drives for poor families during the holidays. He wouldn't talk about his day job, but said he has a wife and children and he's a college graduate. "I think the real world needs (superheroes) more than the comics and movies do, and I figured I can do my best to act like one," he said in an email, hiding his identity. "I was going to school to be a cop, but somewhere along the way I decided that wasn't what I wanted, yet I still wanted to do something."

"It's ultimately a protest movement. Instead of just protesting, they're actually trying to create change from the bottom up," Barnett said. "These are people who have no resources, for the most part, and they still are out there every night trying to do something. They're not any better off than some of the people they're trying to help, but they're still trying to help them."

But, few of the masked men and women out there actually fight crime – and they don't have superpowers. They mostly do community work, such as helping the homeless and patrolling troubled areas, handing out flyers.

Seattle's Phoenix Jones – real name Benjamin Fodor – leads the Rain City Superhero Movement, a group of self-styled superheroes who have patrolled the city since last year. Jones was arrested last month for using pepper spray to break up what he said was a fight outside a Seattle nightclub. No charges were filed, but the incident led to his dramatic unmasking as a father whose day job was working with autistic children. "Phoenix Jones is not a bad guy," said Edward Stinson, an author, who provides mentorship and advice to the real-life superheroes online. And he now stresses the fact that this is no longer a game.

As Seattle police spokesman Mark Jamieson said, intervening in potentially dangerous situations should be left to professional officers. "If people want to dress up and walk around, knock yourself out," he told the Associated Press. "Our concern is when you insert yourself into these situations without knowing the facts, it's just not a smart thing to do."

As the "heroes" continue to organize, Stinson said the eventual goal is to develop relationships with the local police. But Barnett doesn't think that's realistic. Superheroes like to do their own thing. "Most people are doing this because they don't like bureaucracy, they don't like rules," he said. "Police represent the system … part of why they do this is they're rebelling against that."

Adapted from: Michael Woods: Real-life superheroes patrol city streets. In: The Star, Nov 27 2011.

17. Real-life superheroes …
 A ☐ are the stars of a new TV series.
 B ☐ want to be anonymous.
 C ☐ work for the police.
 D ☐ are former criminals.

18. The three teens who dressed up as superheroes …
 A ☐ had to undergo a test of courage.
 B ☐ were kicked out of their homes.
 C ☐ had problems with the police.
 D ☐ had some professional training.

19. Which of the following things done by a superhero is mentioned in the text (ll. 13–20)?
 A ☐ giving homeless people a place to sleep
 B ☐ trying to chase away drug dealers
 C ☐ removing illegal graffiti
 D ☐ all of them (A + B + C)

20. When Michael Barnett discovered the superhero movement, he …
 A ☐ made a documentary about it.
 B ☐ decided to write a book.
 C ☐ interviewed 17 superheroes.
 D ☐ became interested in joining it.

21. What information do we get about the Wisconsin man?
 A ☐ He comes from a poor family.
 B ☐ He has done charity work.
 C ☐ He works for the police.
 D ☐ both A + C

22. Barnett points out that the aim of these superheroes is …
 A ☐ to get public attention.
 B ☐ to make easy money.
 C ☐ to get help for their families.
 D ☐ to make the world a better place.

23. After Phoenix Jones was arrested, …

A ☐ he lost his job.

B ☐ his true identity was revealed.

C ☐ he was sent to a psychiatrist.

D ☐ he started a self-help group.

24. Jamieson thinks that acting like a superhero is …

A ☐ risky.

B ☐ foolish.

C ☐ helpful.

D ☐ both A + B

25. What could be the best alternative title for this article?

A ☐ Beware of Superheroes!

B ☐ From Superhero to Police Officer

C ☐ Protect Your Neighborhood – Join the Superhero Movement!

D ☐ Real-life Superheroes – How Super Are They Really?

Reading: Candidate Answer Sheet **Name:** ______________________

For students: Put a tick (✓) in the correct box.

Part 1: Short Texts

Number	A	B	C	D
1				
2				
3				
4				
5				
6				

/ 6 P

Part 2: Internships

Number	Name	A	B	C	D	E	F	G
7/8	a) Emma							
9/10	b) Eun							
11/12	c) Dave							
13/14	d) James							
15/16	e) Mick							

/ 10 P

∗ Part 3: Superheroes

Number	A	B	C	D
17				
18				
19				
20				
21				
22				
23				
24				
25				

/ 9 P

/ 25 P

Writing Part 1: How Green Are You?

- Complete the questionnaire below.
- Write keywords or short sentences.
- You may use your imagination.

How Green Are You?

Are you living a green life? Fill out the questionnaire and find out.

Age: ☐

Male: ☐ Female: ☐

(1) **How do you get to school?**

(2) **What things do you recycle?** (Name two)

(3) **How do you save* electricity?** (Name one)

(4) **How do you save* water?** (Name one)

(5) **Which alternative energy do you think is most important?**

SEND HOME

* to save = *einsparen*

/ 5 P

Writing Part 2: Becoming a Vegetarian

- Read what the blogger has written.
- Then write back, answering all of his questions.
- Write 100 –160 words.

Home *Welcome to our site* | **Services** *What we do* | **Blog** *Read our stories* | **Contact** *Get in touch* | epinion

Blog › **Public topics** ›

Name: Meatie15 | **Becoming a vegetarian**

My dad wants to stop eating meat and says that from now on he will only cook vegetarian dishes. But I can't live without my sausages, fried chicken, hamburgers … I'll die if all I get all day long are vegetables, vegetables and more vegetables! How about you and your family – what do you guys normally eat? I'd really like to know why people want to stop eating meat and become vegetarians. Any ideas? What do you think of vegetarians? I don't want my dad or me to argue about food all the time, so what can I do?

Inhalt: /6 P Sprache: /6 P Gesamt: /12 P

✶ Writing Part 3: Two Tickets

Große Hafenrundfahrt: das Tor zur Welt

Willkommen im Hamburger Hafen an Bord unserer schönen Schiffe, die vom Hamburger Hafen nicht mehr weg zu denken sind.
Ahoi und hallo! Hier haben Sie Gelegenheit, den Hamburger Hafen mit all seinen Sehenswürdigkeiten in seiner Einmaligkeit und beeindruckenden Kontrasten zu besichtigen. Auf der Elbe und ihren Nebenarmen! Lassen Sie sich überraschen.
An Bord drinnen und draußen kann der Hafen in seiner ganzen Vielfalt und Weite bestaunt werden. Auf der Elbe gibt's nämlich jede Menge zu entdecken. Es geht vorbei am St. Pauli Fischmarkt, an den Docks und an riesigen Containerschiffen. Man sieht Ladekräne und Containerbrücken in Aktion, das gigantische Zelt, wo das Musical *König der Löwen* gespielt wird, die Hafencity, die halbfertige Elbphilharmonie und und und ...!

Abfahrt: St. Pauli Landungsbrücken, Br.3
Dauer: 1 ½ Stunden

Voca People Show

Auf professionelle Art macht VOCA PEOPLE nahezu jede Musik hörbar, und das ganz ohne Instrumente. Jenseits der Sonne gibt es einen uns bisher unbekannten, weißen Planeten Voca. Die lustigen Bewohner des Planeten leben seit etlichen Jahrtausenden friedlich miteinander und verständigen sich allein durch melodische Klänge.

An einem ganz besonderen Tag macht sich eine abenteuerlustige Gruppe auf den Weg, ihr Lebensmotto „Musik ist Leben und Leben ist Musik“ in die Weiten des Universums zu tragen.

Doch auf ihrer intergalaktischen Musikreise sind sie zu einer Notlandung auf dem Planeten Erde gezwungen. Der Antrieb ihres Raumschiffs, der mit musikalischer Energie geladen wird, ist völlig entladen. Schnell wird ihnen bewusst, dass die menschliche Musik als perfekter Energielieferant für ihr Raumschiff dient.

Ort: CCH-Congress Center Hamburg Saal 2
Beginn: 20:00 Uhr

Eisdinner

In der Hansestadt erwartet Sie ein eisiges Ambiente, das eine besondere Ästhetik der Eiskunst gepaart mit kulinarischen Hochgenüssen verspricht.

Nachdem Sie mit einer warmen Daunenjacke eingekleidet worden sind, werden Sie in den kleinen Eispalast geführt. Hier erwartet Sie ein 2-Gang-Menü, das Ihnen im Eis kulinarisch einheizen wird. Genießen Sie die einzigartige Mischung aus eisigem Ambiente und warmen Köstlichkeiten.

In Ihrem Eis-Restaurant sind konstante –10°C. Auf 90 qm finden Sie eine Eistheke und beeindruckende Eis-Skulpturen. Faszinierende Farben werden durch Dioden-Illuminationen erzeugt und versprechen Ihnen ein einzigartiges Ambiente. Aufgrund der Temperatur ist ein Aufenthalt von länger als einer Stunde im Eis-Restaurant nicht möglich.

1. Adapted from: Kay Wiese, http://www.hafenrundfahrt-hamburg.com/
2. Adapted from: Semmel Concerts Veranstaltungsservice GmbH, Presseinformation Live in Concert 2014 Voca People
3. Adapted from: http://www.hamburg.de/dinner-shows/1572870/dinner-im-eis/

✶ Writing Part 3: Two Tickets

As a present for your birthday your parents want to give you two tickets for an event. You would like to go there with your Irish friend who you are going to meet in Hamburg.

- Read the three texts.
- Choose **two** events/activities.
- Write an e-mail to your friend telling him/her about the two events/activities you have chosen.
- For each one of them say what kind of event/activity it is and mention at least two more aspects that are important.
- **Do not translate word for word**, just give the main information used in these texts.
- Write complete sentences and use correct English.

Message Insert Options Format Text

Send

To... friend@mail.com

Cc...

Subject: Hamburg

Hey ____________________,

I've just got a super birthday present – two tickets for an event of my choice. And that's something that we could do together when we meet in Hamburg. Here are the two things I find most interesting:

____

____

____

____

____

Which of the two would you like to go to? Tell me what you think.

☺ ____________________

Inhalt:	/4 P	Sprache:	/4 P	Gesamt:	/8 P

Listening Part 1: Recorded Messages

Message One

Thank you for calling the Lyceum Theatre. Show times for "The Lion King" are from Tuesday to Sunday at 7.30 pm with afternoon performances on Saturdays at 3 pm. There are no performances on Mondays. The box office in Wellington Street is open between 10 am and 7 pm every day. Tickets for all performances are from £ 65 to £ 32 with student tickets for £ 22.50. We hope to welcome you soon at the Lyceum Theatre.

1. D

   Hinweis: *"… afternoon performances on Saturdays at 3 pm." (Z. 3)*

2. C

   Hinweis: *"… student tickets for £ 22.50." (Z. 6)*

Message Two

Hello Carol, where are you? We're waiting for you in the library. Just in case you've forgotten how to get here. When you enter the school building, walk straight on past the office. Then turn left and walk along the corridor to the end. The library is the last door on the left, next to the canteen. I think we've got everything we need for our project. There is a projector and a flipchart in the library and Joanna has brought her camera. Hmm, wait a minute …, I think we don't have enough coloured paper. On your way here, would you go to the office and ask Ms Anderson for some red and blue paper? Thanks. See you in a minute.

3. D

   Hinweis: *"When you enter the school building, walk straight on past the office. Then turn left and walk along the corridor to the end. The library is the last door on the left, next to the canteen." (Z. 2–4)*

4. C

   Hinweis: *"… we don't have enough coloured paper … would you … ask Ms Anderson for some red and blue paper?" (Z. 7/8)*

Listening Part 2: Radio Ads

Ad 1: Breakfast

A good breakfast at school means strong bodies and strong minds. Hello, I'm Agricultural Commissioner Todd Staples reminding you that your child's school has breakfast waiting for them every day. And you can be sure it's healthy and affordable. It's a fact that a nutritious start to the school day makes your child learn and perform better. Breakfast is a powerful thing. So power up with a healthy school breakfast every day. Sponsored by the US Department of Agriculture.

Todd Staples: School Breakfast – PSA (2/19/2009). © Texas Department of Agriculture

5. A

   Hinweis: *"A good breakfast at school means strong bodies and strong minds." (Z. 1); "... power up with a healthy school breakfast every day." (Z. 5/6)*

Ad 2: Animal Testing

Some companies still test shampoos and household products on animals. 600 companies don't. For a free list showing which is which contact People for the Ethical Treatment of Animals, Norfolk, Virginia 23510. Thank you.

Courtesy of PETA, www.peta.org

6. F

   Hinweis: *"Some companies still test shampoos and household products on animals. 600 companies don't." (Z. 1/2)*

Ad 3: Recycle

Hi, this is Sarah Nichols of the Indian River County Solid Waste Disposal District. Think about this: if everyone recycled all the copies of just one edition of the Sunday New York Times, we would save 75,000 trees. That's 75,000 trees. Think about all the trees we'd save if we recycled all the newspapers in the country. Most likely you do recycle but if you don't, give it a try. Special thanks to this station for allowing me to remind you to recycle.

http://www.ideagardenadvertising.com/psaaudio.htm [16. 01. 2013]

7. B

   Hinweis: *"... if everyone recycled all the copies of just one edition of the Sunday New York Times, we would save 75,000 trees." (Z. 2/3); "Think about all the trees we'd save if we recycled all the newspapers in the country." (Z. 4/5)*

Ad 4: Turbulence

ANNCR: What a tough thing your body is. It's built to withstand bending …
SFX: Exaggerated bending effect
ANNCR: Pinching …
SFX: Ouch!
ANNCR: Tattooing …
SFX: Sizzling sound
ANNCR: Swimming …
SFX: Dunking noise
ANNCR: Bumping …
SFX: Bonking effect
ANNCR: Tickling …
SFX: Wild laughter
ANNCR: Shaving …
SFX: Electric razor noise
ANNCR: Loud noises …
SFX: Blaring music
ANNCR: Childbirth …
SFX: Baby crying
ANNCR: Football …
SFX: Tackling noise
ANNCR: Bad cooking …
SFX: Sizzling/Alarm going off
ANNCR: Roller blading …
SFX: Screeching noise
ANNCR: Marathons …
SFX: Cheering crowd
ANNCR: Even company meetings …
SFX: Snoring
ANNCR: But there's something the human body isn't built to withstand: unexpected turbulence. Happily, though, planes are built to withstand that, really well. All you have to do is wear your safety belt the entire flight. So next time you fly, stay buckled up. The whole time. Because after all, turbulence happens. And you're just not built for it.
TAG: This message is a public service of this station and the Federal Aviation Administration.

8. C

*✎ **Hinweis:** "All you have to do is wear your safety belt the entire flight. So next time you fly, stay buckled up." (Z. 31/32)*

Listening Part 3: Unusual Hobbies

SPEAKER 1: Hi, I'm Josh and my unusual hobby is called Cosplay, which is short for "costume play". You see, Cosplayers like me get dressed up in a costume to look like your favourite actor or character from a movie or from a video game, a comic or even television. I'm crazy about Johnny Depp's Jack Sparrow and when people see me walking around the mall or down the street in the middle of town, I try to make them think I really am Jack Sparrow. I copy all of his typical movements and expressions, even his voice. I love to feel famous for a few hours. It's so funny to see how people react to me. Some of them stare, others just laugh. They probably think I'm promoting a film or something. And you know, there are even competitions and conventions where Cosplayers like me can meet and exchange experiences. It's great, you should try it!

SPEAKER 2: Hi there! My name is Samantha and my unusual hobby is called "guerrilla gardening". Gardening, you say? That doesn't sound unusual at all, more like work. But you see, what I do together with some friends is "secret gardening". We do it on empty city land, which is not used and looks really ugly, like those dirty places around trees, which are full of rubbish and dog poo. We get up in the middle of the night to secretly plant bushes and flowers. Even though this land is not used by anyone, what we guerrilla gardeners are doing is actually illegal and that makes the whole thing really exciting. You can be a rebel and do something good for your city at the same time! And you know, the next morning I watch people walk by and see them smile at what we have created! It's a wonderful feeling.

SPEAKER 3: I think what I do is the most unusual hobby of all. My name is Shaun and my hobby is called "extreme ironing". "What?" I hear you say. How can ironing be a hobby? Well, it's when you combine this boring household work with an extreme outdoor sport. I mean, imagine climbing a mountain with an ironing board on your back. When you've finally made it to the top, tired and out of breath, you're not finished yet. You've got to set up your board, take out your iron and start ironing your shirt. You see, extreme ironing gives you extra adrenalin and a well-pressed shirt as a bonus! And you can do this anywhere: in the middle of the desert or while riding your bike! Last summer I tried it out while I was kayaking with two friends. People sailing by thought we were crazy and maybe we are. But this hobby is different, it's extreme and it's great weekend fun!

9. mall (Z. 5)/in the street (Z. 5)/in town (Z. 6)/conventions (Z. 10)

10. love to feel famous (Z. 7/8)/funny to see reactions (Z. 8)

11. stare (Z. 9)/laugh (Z. 9)/think he promotes a film (Z. 9)/ think he is Jack Sparrow/an actor (Z. 6)

12. on empty city land (Z. 16)/dirty places (around trees) (Z. 17)/land which looks ugly (Z. 16/17)/land which is not used (Z. 16)

13. illegal (Z. 20)/exciting (Z. 20/21)/be a rebel (Z. 21)/ do something good (Z. 21)

14. smile (Z. 22)

15. outdoors (Z. 27)/mountain (Z. 27)/anywhere (Z. 31/32)/desert (Z. 32)/ kayaking (Z. 33)

16. extra adrenalin (Z. 31)/extreme (Z. 34)/fun (Z. 35)/ well-ironed shirt (Z. 31)/household work is boring (Z. 26)

17. think they are/he is crazy (Z. 34)
    Hinweis: *Es gibt für diese Aufgabe keinen Punkt, wenn du nur das Wort* crazy *schreibst.*

Listening Part 4: Dumpster Diving

SARAH: This is Sarah Parker from *TTR Radio*, and welcome to our weekly edition of "*Have Your Say*"! Ever heard about something called "Dumpster Diving"? You think it's some new kind of water sport? (*chuckle*) Far from it! A "dumpster" is the American word for the big metal rubbish bin that is called a "skip" here in the UK and in Australia. And dumpster diving is actually looking for things in somebody else's rubbish. For example, dumpster divers eat the food and use the rubbish that other people throw away. Ewww! Doesn't that sound gross? And today you have the chance to find out more about dumpster diving from my guests here in the studio. First let me introduce Emily Dunne, a documentary film-maker, who is interested in the consequences of the throw-away culture in Britain and America. Welcome, Emily.

EMILY: Nice to be here.

SARAH: Also here with us is Jeremy Williams, who owns a big supermarket in Bristol. Welcome Jeremy.

JEREMY: Hello.

SARAH: And last but not least we have Alf Blake, a 26-year-old dumpster diver. Alf doesn't buy his food IN a supermarket, he takes what he wants out of the big bins or dumpsters BEHIND the supermarket. He lives off the food and other things that are thrown away.

ALF: Hi.

SARAH: So Alf, tell us why you go dumpster diving.

ALF: Well I started dumpster diving or what I call dumpster DINING when I was a student simply because I couldn't afford to buy food – it was just too expensive. After finishing university I continued dumpster DINING because I didn't see the point in spending so much money on food when I can get it for free.

SARAH: But isn't it dangerous to eat old food that's been thrown away?

ALF: Well to start with, the food is hardly ever old. But, yes, eating food found in a dumpster can be risky. You always have to use good judgment. Use your nose and your eyes and your common sense. Be especially careful with eggs and meat. Wash everything really carefully when you get home. Don't worry too much about the sell-by dates. Supermarkets generally try to get rid of all foods nearing their sell-by date, because normally those foods just won't sell. Yet, a lot of products beyond the sell-by date <u>are</u> edible. In fact they taste great. And then often food gets thrown out because of the way it looks. This morning, for example, I had cereal that had been thrown away simply because the box was damaged, even though the inner plastic bag was OK.

SARAH: Now Jeremy, you have a supermarket. Is it true that supermarkets are throwing away perfectly good food?

JEREMY: Well in a way, yes. You know you have to get rid of food which doesn't look good, like bananas that have started to get brown spots. And of course sometimes food is taken from the shelf to make room for a new delivery. And as Alf has already mentioned we have to get rid of packaged food approaching its sell-by date. We try to offer our customers a great variety and everything should look nice and fresh for them. However, it …

ALF: You know, those bananas with the brown spots are perfect inside. There's no reason to throw them away.

SARAH: Emily, you dealt with this problem in your documentary film "Waste Not, Want Not".

EMILY: Yes, I did. And I think there's something very sad about the fact that we here in Britain are throwing out tons of food every year – especially when millions of people go to bed hungry. And not only supermarket owners are to blame. Restaurants and households also throw away tons of food every year. Wasting food is not only wasting money but is also really bad for the environment. When you throw out food, you're also throwing out the water and all of the resources, like the fuel and energy that were used to get that food to your plate. We really need to change things. We need to go back to the way our grandmothers bought and managed their food supplies.

SARAH: So you see Alf and other dumpster divers as environmentalists?

EMILY: Yes, definitely. In a way these guys are doing a great job. If not for them there would be even more waste in the big landfills outside the city. As we know food rotting in a landfill is really bad for our environment because of the methane gas it produces. And that methane is even more dangerous for our climate than the CO_2 coming out of cars. We have to stop wasting food. People also seem to forget that buying more than we need and throwing the rest away makes everything more expensive. So, more and more people can't afford to buy food. They then become dependent on waste to survive. In other words wasting food creates hunger and poverty.

JEREMY: Well, supermarkets do generate a lot of waste, but that doesn't mean it all ends up in the landfill. As I have already said, a supermarket owner has to remove food from the shelf but it doesn't all end up in a dumpster. We supermarket owners work together with composting companies. Every year tons of organic waste are composted or taken, for example, to pig farms. We also work with charity organizations. Last week, for instance, we donated bread, meat and vegetables to the Bristol soup kitchen, where the food was cooked and given to hungry families or individuals.

ALF: That's really nice to hear, Jeremy. I think you are one of the few. But believe me, there's still a lot of food being wasted.

EMILY: Definitely.

SARAH: Right. So, my final question before the break: Is dumpster diving actually legal?

ALF: Well, it depends. In the United States, for example, dumpster diving is generally legal, though on private property people can be arrested for burglary. This is unusual but a few years ago, two guys in Colorado got six months in prison after taking food from a grocer's private dumpster. In the United Kingdom and in Germany, taking items from a dumpster is viewed as theft but normally the police have so many other problems that they don't have time to crack down on us dumpster divers.

SARAH: Good for you. And it seems that we're hearing more and more about dumpster diving these days. So does that mean that dumpster diving is becoming socially acceptable? This is what we'll be talking about after the break. Stay tuned …

Based on: http://www.dumpstern.de/what-is-dumpster-diving/
http://www.clickclackgorilla.com/2011/01/27/legality-in-a-dumpster/
http://www.homelesshandbook.0catch.com/dining.html
http://www.feeding5k.org/food-waste-facts.php
http://welearntoday.com/skipping-the-new-way-of-food-shopping/
http://www.elephantjournal.com/2010/06/dumpster-diving-defeat-ban-on-turning-trash-into-treasure/ [20.08.2012]
http://en.wikipedia.org/wiki/Dumpster_diving [22.08.12]
http://www.ehow.com/facts_7148652_legality-dumpster-diving.html [22.08.2012]

18. C
   Hinweis: *"… dumpster diving is actually looking for things in somebody else's rubbish … dumpster divers eat the food and use the rubbish that other people throw away." (Z. 5–7)*

19. C
   Hinweis: *"Well I started dumpster diving … simply because I couldn't afford to buy food – it was just too expensive." (Z. 22–24)*

20. A
   Hinweis: *"Use your nose and your eyes and your common sense." (Z. 29/30)*

21. C
   Hinweis: *"… sometimes food is taken from the shelf to make room for a new delivery … we have to get rid of packaged food approaching its sell-by date." (Z. 42–44)*

22. A
   Hinweis: *"When you throw out food, you're also throwing out the water and all of the resources, like the fuel and energy that were used to get that food to your plate." (Z. 55–57)*

23. A
   Hinweis: *"… food rotting in a landfill is really bad for our environment …" (Z. 62)*

24. B
   Hinweis: *"… a supermarket owner has to remove food from the shelf but it doesn't all end up in a dumpster. We supermarket owners work together with composting companies … We also work with charity organizations." (Z. 70–74)*

25. B
   Hinweis: *"… normally the police have so many other problems that they don't have time to crack down on us dumpster divers." (Z. 86–88)*

Reading Part 1: Short Texts

1. B
   Hinweis: *"National Trust"; "wild flowers"; "for every one to enjoy"*

2. C
   Hinweis: *"… call"; "Switch off before you drive off!"*

3. B
Hinweis: "... for the comfort and security of my dogs."

4. A
Hinweis: "We appreciate you taking responsibility of your child ..."

5. A
Hinweis: "LOCK it!"

6. A
Hinweis: "... we think that wasting wholesome food (and the work that went into producing it) would be crazy."

Reading Part 2: Internships

7./8. A, G
***Hinweis:** Emma "... would like to do an internship in dressmaking and fashion ...", "... she can also imagine doing an internship in a restaurant."*
→ job offer A: "Waiter/Waitress"
→ job offer G: "Fashion Design Internship Opportunity"
Aufgrund der Überschrift "Front Desk Intern for Gochi Fashion" könnte man zunächst annehmen, dass Antwort F richtig sei. Es handelt sich aber um Büroarbeit am Computer, was Emma aber auf keinen Fall machen möchte ("Dislikes: office work, working on the computer").

9./10. D, E
***Hinweis:** Eun "... would like to see how large events are organized.", "... use her knowledge of visual digital media."*
→ job offer D: "Video Animation and Photography Assistant"
→ job offer E: "Event Management Assistant"

11./12. A, B
***Hinweis:** Dave "... would like to get a job in the hotel/restaurant business ...", "... can also imagine working with kids ..."*
→ job offer A: "Waiter/Waitress", "... Hotel in Dublin ..."
→ job offer B: "... coach and train disabled children ...", "MUST love kids and sports"; Dave "Likes: sports ..."

13./14. C, F
***Hinweis:** James "... would like an internship in a sports centre ...", "... would also consider working in an office environment ..."*
→ job offer C: "Fitness trainer"

Stellenangebot B scheidet aus, da James am liebsten mit Erwachsenen arbeiten möchte ("… preferably with adults …").
→ *job offer F: "… office internship …"*

15./16. B, D
Hinweis: *Mick "… would like to work with children who have special needs …", "… would like to gain more experience in digital formatting."*
→ *job offer B: "… coach boys and girls with disabilities …"*
→ *job offer D: "… strong interest in multimedia …"*

Reading Part 3: Real-life Superheroes Patrol City Streets

17. B
Hinweis: *"… their identities are a secret." (Z. 1)*

18. C
Hinweis: *"The Royal Canadian Mounted Police warned the young superheroes …" (Z. 9)*

19. B
Hinweis: *"… creeping up to drug dealers in parks and yelling 'This is a drug-free park!'" (Z. 19/20)*

20. A
Hinweis: *"Michael Barnett, director of the documentary* Superheroes *…" (Z. 21)*

21. B
Hinweis: *"The Wisconsin man puts on a mask to feed the homeless and has run successful toy drives for poor families …" (Z. 25–27)*

22. D
Hinweis: *"… they're actually trying to create change from the bottom up …" (Z. 33/34), "… mostly do community work, such as helping the homeless and patrolling troubled areas …" (Z. 39/40)*

23. B
Hinweis: *"… led to his dramatic unmasking as a father whose day job was working with autistic children." (Z. 45/46)*

24. D
Hinweis: *"… intervening in potentially dangerous situations …" (Z. 49/50), "… when you insert yourself into these situations without knowing the facts, it's just not a smart thing to do." (Z. 52/53)*

25. D

Hinweis: Der Artikel warnt weder einseitig vor den Risiken durch selbsternannte Superhelden (Überschrift A), noch macht er unverhohlen Werbung für die Superheldenbewegung (Überschrift C), noch rückt er eine einzelne Person besonders in den Vordergrund (Überschrift B). Es geht vielmehr um eine möglichst ausgewogene Darstellung (Pro und Kontra) eines neuartigen Phänomens – Überschrift D ist daher als Alternativtitel am besten geeignet.

Writing Part 1: How Green Are You?

Age: eigenes Alter
Sex: male/female

1. z. B. I get to school by bike.
2. z. B. I recycle paper and plastic.
3. z. B. I use energy-saving light bulbs or LED only.
4. z. B. I stop the toilet from flushing too long.
5. z. B. I think solar energy is most important.

Writing Part 2: Becoming a Vegetarian

Hinweis: Achte darauf, in deiner Antwort wirklich auf alle Fragen des Bloggers einzugehen. Du musst also kurz die Essgewohnheiten deiner Familie skizzieren, mögliche Gründe für eine vegetarische Ernährung nennen, deine eigene Meinung zu Vegetariern darstellen und einen Vorschlag machen, wie Meatie15 am besten mit der geschilderten Situation umgehen soll. Versuche trotzdem, dich innerhalb der geforderten Wortzahl zu bewegen. Die untenstehende Beispiellösung ist nur eine von vielen Möglichkeiten, diese Aufgabe zu bearbeiten.

Hi Meatie15,

My family eats all kinds of food – a little bit of meat and fish, but also lots of rice, pasta, fruit and vegetables.
Our neighbour is a vegetarian and she has stopped eating meat because the animals raised for food are not treated well. They are kept in small cages and don't have room to move, and that's why they get ill easily and are given antibiotics. My neighbour also says that a vegetarian diet is healthier, because you don't eat so much fat.
I think being a vegetarian is cool and it seems healthier, though I do like eating steak or fish now and then.

Why don't you and your dad cook together? Your dad can make the vegetarian dishes and you can make some sausages or meat to have as well. Otherwise if your dad doesn't want meat in the house, you might just eat your sausages when you're in the school cafeteria.

Best wishes,

(your name) (159 words)

Writing Part 3: Two Tickets

Hinweis: Zur besseren Veranschaulichung wurden in der folgenden Beispiellösung alle drei angegebenen Aktivitäten bzw. Veranstaltungen kurz skizziert – in deiner Lösung musst du allerdings nur zwei davon beschreiben.

Hey Sean,

I've just got a super birthday present – two tickets for an event of my choice. And that's something that we could do together when we meet in Hamburg. Here are the two things I find most interesting:

Taking a tour of the Hamburg harbour would be great. The boat sails on the Elbe as well as some side rivers. We'll be able to see huge container ships, go past the famous St. Pauli fish market and see the docks where the ships are repaired.

Then, there's a funny performance by a group of singers called the *Voca People*. They say they're from another planet so it should be interesting. They only communicate by melodic sounds and have landed here on Earth due to an emergency while travelling through space. They have to recharge their spaceship with musical energy and that's where the performance comes in.

Finally, we could go out for dinner to a literally "cool" location – an ice restaurant. As the room temperature there is minus 10 degrees, all the customers are clothed in warm down jackets before they are served a two-course menu among beautifully illuminated ice sculptures.

Which of the two would you like to go to? Tell me what you think.

☺ Yours, *(your name)* (153 words)

(Bitte blättern Sie um)

Den Abschluss in der Tasche – und dann?

In den STARK-Ratgebern finden Schülerinnen und Schüler alle Informationen für einen erfolgreichen Start in die berufliche Zukunft.

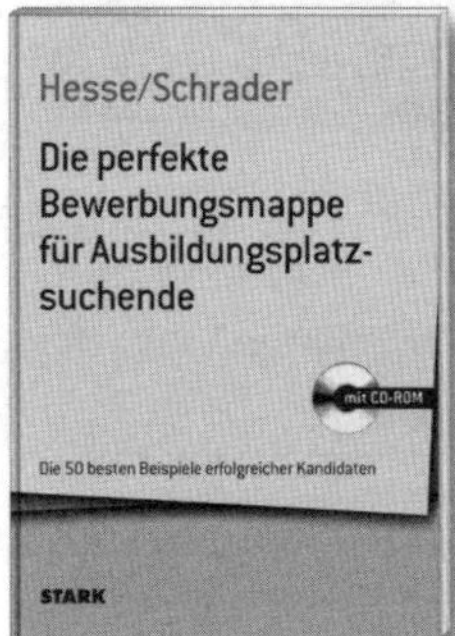

Alle Titel zu Beruf & Karriere www.berufundkarriere.de

Bestellungen bitte direkt an:
STARK Verlagsgesellschaft mbH & Co. KG · Postfach 1852 · 85318 Freising
Tel. 0180 3 179000* · Fax 0180 3 179001* · www.stark-verlag.de · info@stark-verlag.de
*9 Cent pro Min. aus dem deutschen Festnetz, Mobilfunk bis 42 Cent pro Min.
Aus dem Mobilfunknetz wählen Sie die Festnetznummer: 08167 9573-0

Lernen • Wissen • Zukunft
STARK

24-V_Abs